Empresario Libre

La Guía Definitiva para la
Transformación Digital y la
Automatización en la Pyme

COLECCIÓN REVOLUCIÓN DIGITAL

E. CLARAVALLS

EMPRESARIO LIBRE

La Guía Definitiva para la Transformación Digital y la Automatización en la Pyme

COLECCIÓN REVOLUCIÓN DIGITAL

©2023 Esther Claravalls
Todos los derechos reservados
Obra Registrada

ISBN Amazon: 9798870487182

Creado por Ediciones85
 Neàpolis Tech Center
 Rambla de l'Exposició, 59
 08800 Vilanova I la Geltrú (Barcelona – España)
 https://www.ediciones85.com

Tabla de contenido

Introducción

Bienvenido al mundo de la Revolución Digital, donde las posibilidades son infinitas y la transformación empresarial está al alcance de todos. Este libro, «Empresario Libre», es tu guía esencial para conquistar la era de la automatización y la libertad empresarial.

Vivimos en un entorno que nunca deja de evolucionar, donde los emprendedores y las pequeñas y medianas empresas se enfrentan constantemente a desafíos en su búsqueda de un éxito sostenible. La Revolución Digital es mucho más que una simple membresía o un sitio web; es tu socio en el camino hacia la eficiencia, la prosperidad y una vida más satisfactoria.

Imagina un negocio en el que las tareas recurrentes se ejecutan sin problemas, donde los procesos se desarrollan de manera eficiente y la tecnología trabaja a tu favor.

Aquí encontrarás la brújula que te guiará en esa dirección. Exploraremos los conceptos clave de la sistematización empresarial, desglosaremos los beneficios que te esperan y te mostraremos cómo dar los primeros pasos hacia una transformación digital efectiva.

A lo largo de estas páginas, descubrirás cómo identificar tareas recurrentes, organizar y priorizar funciones, desarrollar políticas y procedimientos, y documentar procesos de manera efectiva. Te sumergirás en el mundo de los Procedimientos

Operativos Estandarizados (POE) y aprenderás cómo externalizar tareas de manera inteligente, escalando tu negocio hacia nuevos horizontes.

Pero eso no es todo. «Empresario Libre» te presenta un tesoro oculto: un ecosistema de aplicaciones cuidadosamente seleccionadas que simplificarán tu viaje hacia la automatización empresarial. Desde herramientas de respaldo como Acronis Backup hasta plataformas de gestión de proyectos como Asana, y desde la creatividad desbloqueada de Canva hasta la inteligencia artificial de ChatGPT, este libro te llevará a través de un mundo de posibilidades digitales.

Y mientras avanzas por estas páginas, no solo aprenderás sobre las herramientas, sino que también recibirás consejos prácticos sobre cómo implementarlas con éxito en tu negocio. Desde la planificación estratégica hasta la medición de resultados y la expansión efectiva, cada capítulo está diseñado para acercarte a la libertad empresarial que mereces.

Prepárate para un viaje que te llevará desde el caos de las tareas cotidianas hasta el reino de la automatización y la prosperidad. En «Empresario Libre», encontrarás respuestas a tus preguntas, soluciones a tus desafíos y un camino claro hacia un estilo de vida más libre, mejor remunerado y profundamente satisfactorio.

El futuro está aquí, y está esperando a que lo conquistes.

¡Empecemos este viaje juntos!

Recursos Gratuitos

Tienes a tu disposición el cuaderno de trabajo y otros recursos relacionados con el contenido del libro.

Descárgalos aquí:

https://link.eclaravalls.com/el-wb

Punto de Partida

En el mundo de los negocios, a menudo nos encontramos atrapados en un ciclo aparentemente interminable: trabajamos incansablemente en nuestras empresas, dedicando cada minuto de nuestro tiempo disponible, solo para descubrir que, al final del día, estamos agotados, pero es lo único que sabemos hacer para lograr alcanzar nuestras metas financieras. ¿Te suena familiar?

Este capítulo te guiará hacia un camino de transformación empresarial, un camino que te llevará desde el agotador intercambio de tiempo por dinero hacia la liberación de tu verdadero potencial como empresario.

Este capítulo tiene como objetivo hacerte abrir tus ojos a las posibilidades que existen más allá de vender tu tiempo. Te mostrará cómo convertirte en un Empresario Libre, alguien que trabaja en su negocio, pero también trabaja en sí mismo para construir una empresa que funcione para ti, en lugar de trabajar para tu empresa.

Así que prepárate para un viaje de descubrimiento y transformación. Es hora de liberar tu potencial empresarial y dejar atrás las limitaciones del intercambio de tiempo por dinero.

¡Bienvenido al camino hacia la verdadera libertad empresarial!

El Mito Empresarial

Desde 1985, ha existido un libro que se ha convertido en algo similar a un texto sagrado para numerosos empresarios: «*The E-Myth*» de Michael E. Gerber. Aunque el libro inicialmente se enfocó en la sistematización empresarial en empresas físicas, las ediciones posteriores han incorporado información relacionada con el mundo del comercio en línea. No obstante, muchas de las ideas y estrategias descritas en la edición original siguen siendo igual de pertinentes tanto para los negocios en línea como para los más tradicionales que operan en instalaciones físicas.

La expresión "*e-myth*" es una abreviatura de «mito empresarial», que es, sin duda, una de las razones principales por las que las empresas de todo tipo enfrentan fracasos. En esencia, este mito sostiene que, si alguien es un experto en un campo en particular, no debería tener dificultades para establecer un negocio exitoso. Al fin y al cabo, ¿no tienen la visión necesaria?

Gerber desmantela sistemáticamente este mito y lo expone como la falacia que realmente es. Dentro de las páginas de «*The E-Myth*», hay numerosas lecciones que se pueden aprender y que pueden ayudar a un empresario novato, o incluso a alguien que esté considerando iniciar un negocio, a evitar muchas ideas y situaciones que, en última instancia, llevan al fracaso.

No obstante, hay una lección fundamental que debes retener de la obra de Gerber, incluso si no tomas nada más del libro. Esa lección es:

> *Trabaja **para** tu negocio,*
> ***sin** trabajar **en** tu negocio.*

¿Qué significa esto? ¿Está Gerber sugiriendo que los propietarios de negocios se alejen del negocio y permitan que otros se encarguen de todo mientras ellos avanzan hacia otro lado?

No exactamente. El punto que Gerber está transmitiendo es que un auténtico empresario establece un sistema que permite que el negocio funcione de manera eficiente y que el propietario pueda participar plenamente en él. Sin embargo, el propietario del negocio no debería quedar atrapado en la realización de tantas tareas diferentes que no quede espacio para el crecimiento (o para trabajar para) el negocio.

Entonces, ¿cómo se trabaja PARA el negocio SIN trabajar EN el negocio?

Una forma sencilla de entender la diferencia entre estos dos estados es pensar que trabajar EN tu negocio es esencialmente tener un trabajo. En este trabajo, te asignas tareas que realizas una y otra vez. Tu enfoque se centra en esas tareas, dejándote poco o ningún tiempo para pensar en otras funciones o actividades que puedan estar ocurriendo simultáneamente mientras avanza en tu propia lista asignada de tareas.

Desde esta perspectiva, estar "EN" tu negocio es muy similar a trabajar para alguien más. Como empleado, no pasas mucho tiempo preguntándote sobre las tareas que realiza el vicepresidente de marketing o cómo funciona el departamento de contabilidad. Simplemente manejas tus responsabilidades en tu propio pequeño mundo, recibes tu cheque de pago y continúas tu camino feliz.

Por otro lado, trabajar PARA tu negocio abarca mucho más terreno. Como propietario de un negocio, debes pensar no solo en un pequeño rincón de las operaciones comerciales, sino en toda la organización. Esto significa que no puedes permitirte quedar atrapado en las tareas asociadas con un área específica. Si deseas tener éxito, debes mantener una visión general en todo momento.

La capacidad de ver el panorama general y trabajar en el crecimiento de tu negocio es donde cobra importancia la idea de la sistematización.

Tu misión es crear e implementar sistemas que permitan que todas esas pequeñas tareas funcionen mientras te enfocas en una visión más amplia del negocio. Trabajar PARA tu negocio significa que no tienes que hacerlo todo tú mismo y no necesitas gestionar todos los detalles a quienes has contratado para realizar tareas específicas. Si el sistema está diseñado correctamente, los aspectos cotidianos del negocio continuarán funcionando con o sin tu atención, liberándote efectivamente para dedicar tus días a hacer que el negocio sea más fuerte, rentable y grande que nunca.

El Ejemplo McDonald's Corporation

Si bien hay numerosos ejemplos de trabajar PARA tu negocio en lugar de trabajar EN tu negocio, quizás una de las formas más sencillas de comprender esta idea es observando una empresa con la que casi todos en el mundo están familiarizados: McDonald's Corporation.

La mayoría de nosotros hemos escuchado la historia de cómo comenzó McDonald's, cómo un solo restaurante se convirtió en una de las franquicias más eficientes del mundo.

Lo que muchas personas no consideran es cómo el sistema de negocios desarrollado por McDonald's ha marcado la diferencia en la rapidez con la que la compañía pudo expandirse y al mismo tiempo mantener una calidad constante en todas partes.

Sin entrar en demasiados detalles, aquí hay algunos ejemplos de lo que la sistematización adecuada ha hecho por esta empresa:

- Existe un proceso claro y conciso para obtener el derecho de convertirse en franquiciado de la cadena McDonald's, lo cual no está al alcance de todos.
- Ofrecen programas de educación continua para las personas que desean hacer una carrera en el negocio de servicios de alimentos, lo que demuestra que trabajar en McDonald's puede ser una carrera real y no solo un empleo temporal.
- Mantienen estándares de higiene consistentes en comedores y cocinas en todos los restaurantes. Cada franquicia debe cumplir con los mismos estándares que cualquier restaurante de propiedad directa de la corporación, y en caso de incumplimiento, la franquicia puede ser revocada.
- Ofrecen una calidad constante en la comida servida en cada restaurante. Sin importar en qué parte del mundo te encuentres, siempre puedes disfrutar de los mismos platos exclusivos que has conocido y amado durante años.

- Tienen espacio para la experimentación. Además de su menú principal, McDonald's tiene procesos prácticos y sistematizados para introducir artículos de especial interés en una región determinada, a menudo utilizando esta herramienta para experimentar con posibles adiciones al menú principal. Durante todo el proceso, la calidad de la comida se mantiene en un nivel alto.

Si profundizas en la historia y la estructura operativa actual de McDonald's, encontrarás muchos otros ejemplos de cómo un sistema sólido y funcional ha convertido a esta empresa en una de las más estables del mundo en la actualidad.

Por ahora, esto será suficiente para ilustrar lo que se puede lograr mediante el desarrollo de un sistema sólido que te permita trabajar para tu negocio en lugar de trabajar en tu negocio.

La Lección A Extraer

En resumen, si no te quedas con nada más del libro de Gerber, asegúrate de entender lo siguiente:

- No necesitas hacerlo todo en tu negocio para tener éxito.
- No debes involucrarte en cada detalle de la operación diaria de tu negocio.
- Siempre debes mantener una visión general de hacia dónde se dirige tu negocio.
- Debes permitirte liderar el negocio sin preocuparte por las tareas minuciosas.

Una de las formas más rápidas de agotarte antes de que tu negocio despegue es intentar controlarlo todo por ti mismo. No importa cuán competente seas, simplemente no es realista. Aquí es donde entra en juego el desarrollo de un sistema empresarial lógico y viable.

Tiempo NO Es Dinero

Seguro que has oído decir más de una vez que «El tiempo es dinero».

Esa es una verdad para los asalariados y los autónomos (y para la gestión de proyectos). Ambos venden su tiempo por dinero. Cuantas más horas trabajas, más dinero ingresas.

¿Y si no trabajas o trabajas pocas horas? Entonces tus ingresos son insuficientes para cubrir tus necesidades.

Hay muchas personas que buscando tener más tiempo y más dinero deciden convertirse en trabajadores por cuenta propia, o lo que es lo mismo, dejan de entregar su tiempo a un negocio ajeno para entregárselo a su propio negocio, sin ser conscientes de la trampa que eso encierra.

La mayoría de los freelances pasarán a ser esclavos de sus negocios: no mejorarán sus ingresos y además incluirán la incertidumbre y la inseguridad a sus vidas. ¿El por qué? Pues porque continúan cambiando tiempo por dinero y, además, sin darse cuenta, estarán poniendo un techo a sus ingresos.

Vamos a hacer números por encima para que veas a qué me refiero...

Según al convenio al que estés adscrito, deberás trabajar entre 1.800 y 2.000 horas al año, lo que equivale a una jornada de 40 horas a la semana, descontando los días festivos oficiales y las vacaciones.

Dependiendo de la cualificación de tu trabajo, vamos a suponer que podrás cobrar tu hora entre 25€ y 70€.

Ahora analicemos el peor de los casos:

25€/h x 2.000h/año = 50.000 €/año de facturación

Y ahora cojamos el mejor de los casos:

70€/h x 2.000h/año = 140.000 €/año de facturación

Pero claro, esta facturación es suponiendo que todas las horas que inviertes en tu trabajo son facturables (directas), lo cual sabemos que no es verdad: preparar facturas, buscar clientes, hacer presupuestos, cierres trimestrales de impuestos, desplazamientos, cafés, llamadas telefónicas, y un largo etcétera de actividades que no son retribuidas (indirectas). ¿Cuál crees que puede ser tu productividad real? ¿De un 80%, 70%, 60%?

La productividad en España es una de las más bajas de Europa, pero como eres freelance, voy a suponer que trabajas duro y que es de un 75%. Es decir, que, de las 8 horas de tu jornada de trabajo, 2h las vas a destinar a "gestiones" y 6h las vas a facturar. Eso se traduce en que tu facturación anual estará entre 37.5K y 105K €:

140K €/año x 75% = 105.000 €/año

50K €/año x 75% = 37.500 €/año

Pero claro, a estos ingresos deberás restarle los costes en los que debes incurrir para llevar a cabo tu negocio (local, suministros, materiales, seguros, IVA, suscripciones, gestoría y otros servicios, ...). Voy a seguir siendo optimista y voy a suponer que consigues un 50% de margen bruto. Eso supone que tu facturación anual se convierte en un margen antes de impuestos de entre 18.75K y 52.5K.

105.000 €/año x 50% = 52.500 €/año

37.500 €/año x 50% = 18.750 €/año

Como has generado beneficios, llegará el socio invisible (el gobierno) a llevarse un 25% del pastel (impuesto de sociedades), con lo que te quedará un beneficio neto de entre 14K y 39K.

52.500 €/año x 75% = 39.375 €/año

18.750 €/año x 75% = 14.062,5 €/año

O lo que es lo mismo, **te quedarán entre 1.172€ y 3.281€ al mes** para llevar el estilo de vida que supuestamente deseas: vivienda, colegios, alimentación, ropa, vacaciones, salir con los amigos, nuevamente impuestos, ...

Analiza los resultados y verás que lo que realmente percibes es lo más parecido a una nómina. Sí, es verdad, no tienes a nadie que te mande, pero has acabado haciendo un montón de cosas que antes no tenías que preocuparte por hacer para, en el mejor de los casos, obtener lo mismo.

Ante esta situación, ¿qué es lo que muchos hacen? Pues lo más fácil que se puede hacer: incrementar la jornada laboral para trabajar 12 o 14 horas diarias y así convertir las 2.000 horas anuales en 3.500. ¿A costa de qué? De las horas de descanso, de la familia, de los amigos, de las vacaciones, de... (añade lo que tú quieras). ¡Cayeron en la trampa!

Otros recurren a cursos para mejorar su productividad y no se dan cuenta que es otra trampa, porque no se dedican a hacer lo mismo con menos horas, sino que acaban haciendo más cosas con las mismas horas de trabajo.

—¡Ah, bueno! Pues contrato personal para aumentar el volumen de horas facturable.

Caíste nuevamente en la trampa. Tener personal significa crecer en infraestructura, lo que implica tener más gastos y reducir tu productividad, ya que tendrás que dedicar más horas a gestión y menos horas a facturación directa. El supuesto crecimiento no es más que hacer la bola más grande, que te llevará a reducir tu margen del 50% al 30% o menos. El resultado: más trabajo y menos ingresos.

¿Ves la esclavitud?

Ahí es cuando empiezas a tomar conciencia de que debe haber otra manera de trabajar y, por ende, de vivir.

La solución a esta problemática implica concentrar un mayor esfuerzo en el desarrollo de tu empresa en lugar de en su operatividad directa.

Es a lo que se refiere Michael E. Gerber en su libro «The E-Myth», donde concluye que **debes trabajar PARA tu negocio en lugar de trabajar EN tu negocio**.

Esta misma línea de pensamiento es la que defiende Robert Kiyosaki en su libro «El cuadrante del flujo del dinero» donde te invita a salir del cuadrante de la izquierda, donde intercambias tiempo por dinero, para pasar al cuadrante derecho, donde tus ingresos son independientes de tu tiempo.

Tanto si eres un empleado que estás pensando en emprender, como si eres un autoempleado, tu objetivo debe ser pasar al cuadrante derecho. Dado que el cuadrante de Inversor no está al alcance de todo el mundo (aunque cada vez se está democratizando más), tu mejor opción es convertirte en empresario.

Para lograr este enfoque, deberás crear y ejecutar procesos y sistemas destinados a gestionar las labores cotidianas, aunque indispensables, que sostienen la operatividad de tu negocio.

Cuando empiezas a construir sistemas, estás creando una empresa y, por tanto, migrando al cuadrante derecho.

Sistematización Empresarial

Internet ha transformado la forma en que las personas ven las empresas, especialmente en el ámbito de las pequeñas empresas. Muchos individuos han emprendido la creación de negocios, pero no todos han tenido éxito. Aunque hay varias razones que pueden obstaculizar el crecimiento de un negocio, una de las principales es la incapacidad del propietario para organizar adecuadamente su funcionamiento y aprovechar los recursos disponibles.

Los que han logrado el éxito en sus emprendimientos comprenden que necesitan una idea sólida y los recursos adecuados para construir una base de clientes. Esto se aplica tanto a negocios físicos como digitales, ya que implican actividades similares a diario. Tienen claro la importancia de tomar las medidas necesarias para adquirir esas habilidades o externalizarlas a fuentes confiables.

El proceso de sistematización empresarial implica combinar la visión estratégica con las operaciones prácticas del mundo empresarial para alcanzar el éxito. La metodología de sistematización no es un enigma imposible de resolver. Es completamente factible aprender a sistematizar un negocio de manera eficiente y establecer las bases para dirigirlo con éxito, generando beneficios de forma consistente.

Clarificando Conceptos

El término "sistematización" puede evocar en muchos pequeños empresarios la imagen de un ciclo incesante de reuniones generadoras de múltiples tareas a abordar en la próxima reunión, lo cual da paso a la creación de aún más tareas. En esencia, se asocia la sistematización con una secuencia ininterrumpida y compleja de procesos que aparentemente añaden complejidad a la gestión empresarial. Sin embargo, esta percepción dista mucho de la realidad.

Es crucial entender que contar con un negocio sistematizado no implica quedar atrapado en un laberinto de políticas y procedimientos que anulen toda capacidad productiva. Tampoco se trata de llenar el tiempo o crear la mera ilusión de ocupación. La sistematización no busca convertirte en esclavo de una maquinaria impersonal. Además, este proceso no tiene por qué ser complicado.

La auténtica sistematización consiste en establecer un marco operativo definido que determine qué hacer, cómo hacerlo y garantice la ejecución efectiva. Un negocio genuinamente sistematizado libera un valioso tiempo que puede canalizarse hacia aspectos cruciales, como el marketing, la estrategia y la innovación de productos.

En una empresa correctamente sistematizada, los procedimientos adquieren coherencia y un propósito definido: todos en el negocio saben qué hacer, cómo y cuándo hacerlo. La sistematización garantiza que todos los miembros comprendan sus roles y plazos de acción. Las tediosas reuniones interminables y las políticas enredadas quedan atrás, mientras que el tiempo invertido en acciones infructuosas se reduce drásticamente.

Es importante entender que, en un negocio debidamente sistematizado, no todos los procesos serán necesariamente estimulantes. No obstante, una organización adecuada permite la realización de tareas en un plazo razonable, dejando margen para ocuparse de labores más estimulantes. Estas pueden incluir la conversión de prospectos en clientes, la innovación de productos o la creación de contenido de ventas.

La auténtica sistematización empresarial genera un sentido de liberación, permitiéndote centrarte en lo esencial. Por el contrario, la carencia de sistematización puede derivar en tareas interminables y asfixiar tu capacidad para alcanzar el éxito deseado.

Beneficios

Sistematizar tu negocio conlleva múltiples beneficios. Un sistema bien establecido brinda a los miembros de tu organización una comprensión nítida de sus responsabilidades y expectativas. En ausencia de políticas definidas, surgen interrogantes y la calidad del trabajo y el servicio se vuelven inciertos.

Ahora que has comprendido la importancia de la sistematización empresarial, es momento de explorar las ventajas con mayor detalle.

Reducir Costes

Administrar la bandeja de entrada de correo electrónico o revisar montones de correspondencia no es precisamente el uso más eficiente que puedes darle a tu tiempo. Como pequeño empresario, serías mucho más fructífero si dedicaras tu tiempo a explorar nuevas oportunidades de negocio o desarrollando líneas de productos innovadoras.

La delegación de tareas cotidianas asociadas con la gestión empresarial puede liberar tu tiempo, permitiéndote enfocarte en actividades que impulsarán el crecimiento y el incremento de ingresos.

La carencia de procedimientos empresariales claramente documentados obstruye la delegación de esas tareas diarias que consumen tu tiempo. En cambio, al registrar tus procesos, la delegación se vuelve más sencilla, con la certeza de que las tareas se ejecutarán de manera adecuada. Esto, a su vez, te brinda la libertad de supervisar proyectos adicionales, generando mayores ingresos para tu negocio en expansión.

Aumentar La Eficiencia

Documentar los procedimientos te permite identificar pasos innecesarios en su enfoque operativo. Registrando tus sistemas abrirás la puerta a la mejora continua de los procesos, lo que puede traducirse en una disminución de costos y la liberación de un recurso valioso: tu tiempo, crucial para el crecimiento empresarial. Asimismo, contribuye a la reducción de errores en las tareas.

Invertir tiempo en documentar procedimientos, tanto nuevos como actuales, puede generar eficiencia en las tareas cotidianas. Este esfuerzo no solo agiliza los procesos, sino que también libera tiempo para que te concentres en el aumento de los ingresos comerciales.

Mejorar El Rendimiento

En ausencia de procedimientos, las empresas suelen contar con empleados que abordan las tareas según su criterio. Aunque esto puede agradar a los empleados, también conlleva ineficiencias. La carencia de procedimientos documentados puede llevar a que el equipo realice la misma tarea de maneras diversas. Registrar el método óptimo para ejecutar la tarea potencia la eficiencia y el rendimiento colectivo, permitiendo que todos los miembros del equipo operen de manera más efectiva en sus roles.

Mejorar La Comunicación

La carencia de procedimientos documentados se alza como uno de los mayores obstáculos para el aprovechamiento del tiempo y la maximización de ganancias en un negocio. Esta falencia impacta negativamente tanto en la comunicación interna como externa. La presencia de procedimientos bien definidos minimiza desacuerdos en relación con los métodos operativos, fortaleciendo así la fluidez comunicativa y la ejecución efectiva de tareas.

Escalar Tu Negocio

La implementación de procedimientos para la capacitación del nuevo personal alivia la presión sobre los miembros del equipo actual al momento de formar a recién llegados. La adhesión a los procesos de contratación establecidos te permite seleccionar con precisión al personal idóneo para cada función, habilitándolos para trabajar con autonomía.

Una capacitación más efectiva para tus nuevos empleados incrementa su productividad y minimiza la frecuencia de errores, mejorando su desempeño general. Este aumento en la eficacia del equipo se traduce en mayores ventas y menor incidencia de errores, lo que en última instancia disminuye los costes operativos.

Medir Tu Progreso

Aunque los ingresos económicos reflejan el progreso de tu negocio, evaluar tus estrategias de marketing y el proceso de desarrollo de nuevos productos brinda una visión más completa de la salud empresarial. La organización interna y la documentación precisa de los procedimientos facilitan la rápida evaluación de estos aspectos, así como otras áreas de interés. Además, posibilitan la obtención de datos en tiempo real que reflejan el desempeño actual.

Cumplir Con Los Plazos

La carencia de un plan diario básico puede provocar la acumulación de tareas rutinarias, obstaculizando eventualmente operaciones cruciales. Por ejemplo, la falta de regularidad en la actualización de cuentas por cobrar y por pagar puede desencadenar una acumulación de trabajo al aproximarse los pagos de empleados o la declaración de impuestos trimestrales. Implementar un sistema organizado y documentado evita situaciones que exijan interrumpir tareas prioritarias para ponerse al día.

Liberar Más Tiempo

Un enfoque empresarial sistemático libera tiempo, permitiéndote concentrarte en actividades que impulsan el crecimiento. En lugar de invertir tardes enteras en la gestión de correos electrónicos, puedes dedicarte a estrategias de marketing o a promocionar tu negocio en eventos locales. La sistematización te brinda la libertad de enfocarte en estos esfuerzos sin la preocupación de que las operaciones se detengan en tu ausencia.

Disponer De Tiempo Libre

Uno de los principales beneficios de contar con un negocio sistematizado es la posibilidad de disfrutar de tiempo libre. Con una organización sistemática, puedes ausentarte sabiendo que tu empresa continuará operando incluso en tu ausencia.

Tras comprender los múltiples beneficios de tener un negocio sistematizado, conviene que te tomes un momento para evaluar tu situación y establecer tus objetivos. Registra todo, sin importar cuán pequeño, vago o aparentemente trivial sea.

Intentar controlar y abordar todo por ti mismo es una vía segura hacia el agotamiento antes de lograr el éxito. No importa lo bueno que seas, esta línea de pensamiento simplemente no es realista. Establecer un sistema lógico y viable te proporcionará los cimientos para edificar y dirigir con éxito tu negocio.

Por Donde Empezar

Tanto si tienes un negocio y te sientes abrumado por las tareas diarias, como si tienes planes futuros de establecer uno, aún estás a tiempo de adoptar la práctica de la sistematización.

Al abordar los pasos delineados en esta guía, encontrarás que muchos de ellos son meros principios de sentido común. En cuanto los implementes, te encaminarás hacia una operación más fluida y eficiente.

#1 Identificación De Tareas Recurrentes

Comienza el proceso de sistematización enumerando las funciones generales que desempeñas en tu negocio, tanto en el día a día como a lo largo de la semana. Esta tarea aplica a cualquier tipo de negocio, sin importar si tu negocio es físico, en línea o una combinación de ambos.

A continuación, se detallan algunas de las tareas comunes que son aplicables en muchas empresas.

Contabilidad

Cuando se trata de los ingresos y gastos de tu negocio, resulta imperativo establecer un proceso para rastrear entradas y salidas. La implementación de sistemas contables garantiza la rentabilidad y la disponibilidad de registros precisos para sustentar declaraciones tributarias, pagos a proveedores y la recepción puntual de pagos de los clientes. Además, asegura el pago oportuno a los empleados y la retención adecuada de impuestos de sus salarios.

Este representa uno de los sistemas empresariales que requieren atención constante. Sin embargo, ello no implica que debas asumir la tarea personalmente. Los sistemas de gestión financiera facilitan el monitoreo de diversas áreas, como la contabilización de compras, la facturación a los clientes y el seguimiento de cuentas pendientes. La sistematización se extiende a otros aspectos contables que también pueden optimizarse.

- Pagos con tarjeta de crédito
- Pago a proveedores
- Cobros de clientes
- Impuestos
- Cuenta de pérdidas y ganancias
- Flujo de caja
- Gastos de empleados
- Nóminas
- Etc.

La implementación de estos sistemas actúa como una barrera contra el fraude interno y te proporciona una visión precisa de los datos financieros de tu negocio. Facilita el monitoreo de las compras y garantiza la autenticidad en cada decisión adoptada.

Administración

La ejecución efectiva de las labores diarias exige una supervisión constante. Esta responsabilidad recae en un gerente o supervisor central, o en diversos gerentes que supervisan departamentos individuales, dependiendo del tamaño de tu empresa.

La administración se erige como una esfera crítica en la sistematización debido a la frecuente rotación en los roles administrativos. La implementación de sistemas específicos disminuye el período de capacitación y evita la necesidad de instruir a nuevos empleados sobre cómo atender llamadas, por ejemplo, cada vez que se integra un nuevo miembro al equipo.

A continuación, se enlistan algunas de las tareas administrativas que requieren sistematización.

- Procedimientos de apertura y cierre
- Atención telefónica
- Procesamiento de correo
- Mantenimiento de infraestructuras
- Gestión de consumibles
- Producción de documentos
- Gestión de inventario

Marketing

El marketing involucra el diseño de estrategias, la identificación de nichos de mercado, el posicionamiento del producto, la redacción de persuasivas copias de marketing y la creación de material promocional.

Tu negocio no puede prosperar a menos que tu público conozca la disponibilidad de tus productos. Por tanto, la comercialización de tu negocio es una de las áreas que requiere mayor inversión de tiempo. Enfoca tus esfuerzos en atraer nuevos prospectos y generar interés. Dichos esfuerzos pueden sistematizarse y delegarse con eficiencia a otros miembros del equipo.

A continuación, se exponen otros sistemas de marketing susceptibles de sistematización.

- Promociones
- Calendario de marketing
- Publicidad
- Mensajería directa
- Redes sociales
- Creación de contenidos
- SEO
- Plantillas de boletines

La sistematización permite establecer procesos sencillos para las principales iniciativas de promoción de tu empresa. Cualquier miembro de tu equipo debería ser capaz de consultar tu manual de marketing y ejecutar una exitosa campaña de marketing por correo electrónico o crear un anuncio efectivo.

Ventas

Frecuentemente se confunden las áreas de ventas y marketing. Sin embargo, para lograr una verdadera sistematización empresarial, se deben abordar como funciones separadas en la organización. El marketing se enfoca en difundir la notoriedad de tu negocio, mientras que las ventas implican la búsqueda y conversión de clientes potenciales en clientes.

A continuación, se enumeran sistemas de ventas susceptibles de sistematización:

- Programa de referidos
- Retención de clientes
- Procedimientos de venta
- Generación de prospectos
- Gestión de clientes potenciales
- Guion de ventas

Sistemas de Información

Resulta prácticamente inviable operar cualquier negocio sin recursos confiables para mantener el funcionamiento correcto del sitio web, asegurar la operatividad de los servidores y resguardar los datos críticos de las estaciones de trabajo. Una organización precisa sistemas definidos para gestionar tanto sus registros en papel como los electrónicos, asegurando la protección y accesibilidad de su información comercial confidencial.

La introducción de sistemas de información en tu empresa te ayudará a mantenerte organizado, ya que, al contar con pautas claras para el almacenamiento y manejo de información, se previene la acumulación de montañas de papel en la oficina.

A continuación, se detallan otros sistemas de administración de datos propicios para sistematización, asegurando la continuidad operativa de tu negocio.

- Copia de seguridad de datos
- Reparaciones de equipos informáticos
- Almacenamiento electrónico de información
- Archivos de cliente
- Archivos de proyecto
- Sistema de punto de venta
- Gestión de datos financieros
- Uso de equipos y sistemas
- Normas de seguridad

Es fundamental que tus sistemas de información integren un sistema de copia de seguridad. Esto garantiza la seguridad de sus datos y tu negocio en situaciones adversas, como fallos de equipos o de aplicaciones informáticas.

Recursos humanos

Con que haya una sola persona contratada en tu negocio, es imperativo que se garantice el cumplimiento de las directrices y regulaciones legales correspondientes al tipo de negocio que operas.

La gestión de políticas y procedimientos de recursos humanos puede ser bastante compleja, por lo tanto, resulta esencial que esta función esté a cargo de alguien con un enfoque meticuloso y la capacidad de manejar volúmenes sustanciales de información.

Tus sistemas de recursos humanos deberán incluir procesos documentados para lo siguiente:

- Reclutamiento
- Desvinculación

- Retención
- Programas de incentivos
- Opiniones y comentarios del personal
- Desarrollo profesional y plan de carrera
- Formación continua
- Descripciones de puestos y perfiles de roles
- Uniformes y código de vestimenta

Los empleados con expectativas y premisas claras tienden a sentirse más satisfechos y son más productivos en sus puestos. La creación de un proceso de bienvenida que recoja el funcionamiento de todos los procesos que necesitan conocer te ahorrará tiempo de formación para cada nuevo miembro del equipo.

Comunicación

La comunicación constituye un elemento esencial en cualquier negocio y, con frecuencia, es una de las áreas más consumidoras de tiempo. Cartas de ventas, presentaciones, comunicados internos, boletines informativos e informes son algunos de los tipos de comunicaciones que se requiere generar de manera recurrente, involucrando a diversos individuos dentro de la organización.

Frecuentemente, los sistemas de comunicación empleados en un negocio presentan similitudes, a pesar de ser creados individualmente desde cero por distintos individuos.

Los sistemas de comunicación ofrecen una valiosa oportunidad para la sistematización, mediante la creación de plantillas. Al sistematizar estos procesos comunicativos, se asegura la coherencia en todo el negocio y se potencia la imagen de marca.

Algunas de las plantillas fundamentales son:

- Carta
- Pedido de compra
- Factura
- Firma de correo electrónico
- Agenda de la reunión
- Actas de la reunión
- Correos electrónicos internos
- Boletines
- Cartas de ventas
- Presentaciones
- Planificación

Relaciones con los clientes

Otra dimensión crucial para contemplar en tu proceso de sistematización es la relación con los clientes. Esto abarca todo lo que el cliente percibe y experimenta en tu negocio, así como las interacciones que mantiene con tu equipo.

La implementación de un sistema para gestionar las relaciones con los clientes garantiza que los nuevos empleados comprendan cómo tu empresa interactúa con su clientela, facilitando así el mantenimiento de un servicio al cliente de calidad.

Estos sistemas de gestión de relaciones con los clientes son propicios para la sistematización efectiva de tu negocio:

- Guion de llamada telefónica entrante

- Guion de llamada telefónica saliente
- Estándares de servicio al cliente
- Estrategia de retención de clientes
- Comunicaciones con los clientes
- Políticas de enlace con el cliente
- Custodia de la propiedad del cliente
- Proceso de incorporación del cliente

Compras

Independientemente del tamaño de tu negocio, la realidad es que en algún momento deberás hacer acopio de materiales necesarios para la operatividad diaria (material de oficina, consumibles, materiales promocionales, aplicaciones de software, etc.). Contar con un proceso establecido asegura un suministro constante de los elementos necesarios.

Algunos de los sistemas de compras que pueden beneficiarse de la sistematización son:

- Emisión de pedidos de compra
- Gestión de envíos y transportes
- Evaluación de precios
- Cumplimiento de políticas
- Facturación de proveedores

Resulta fundamental contar con un representante en tu empresa capaz de forjar vínculos con los proveedores y mantener estas relaciones, con el propósito de garantizar que esté asegurando los mejores precios en los bienes y servicios adquiridos.

Ahora te toca a ti. Repasa departamento por departamento y prepara una lista con todas las tareas recurrentes que ejecutas en tu negocio. Una vez tengas la lista, estarás en disposición de pasar al siguiente paso del proceso

#2 Organizar Y Priorizar Las Funciones

Una vez que hayas identificado todas las tareas recurrentes en tu negocio, es hora de que organices y priories esas funciones.

Dependiendo del tamaño de tu negocio, es posible que puedas combinar algunas de las tareas en un solo proceso, siempre y cuando tu negocio siga siendo relativamente pequeño.

También es importante recordar que siempre puedes, más adelante, cuando sea necesario, dividir los procesos en subprocesos. Estos son algunos ejemplos de cómo puedes priorizar las funciones comerciales esenciales.

Desarrollo De Productos

Antes de emprender un negocio, es imperativo contar con un producto o servicio principal que ofrecer a los clientes potenciales. Por ende, el desarrollo de productos asume un papel crítico en tu empresa y, en consecuencia, debe situarse en el primer plano de tus prioridades.

Es importante reconocer que el desarrollo de productos es un proceso en constante evolución que requiere recursos continuos a lo largo de la vida del negocio. Mantener la competitividad en tu mercado implicará la mejora constante y el perfeccionamiento de tu producto con el tiempo.

Además, la creación de nuevos productos complementarios a tu línea principal también se erige como una tarea recurrente que deberás realizar para enriquecer tu oferta en el transcurso del tiempo.

Administración y Contabilidad

Las áreas de administración y contabilidad suelen ir de la mano hasta que la empresa alcance un determinado tamaño donde se justifique su segregación.

Independientemente de que estas funciones las realices tu o que tengas a una persona para ello, lo que es importante es que tengas en cuenta que, para poder comercializar tus productos o servicios, es esencial que tanto la administración como la contabilidad estén rigurosamente estructuradas y en funcionamiento. Este sólido cimiento es vital para establecer tu presencia en el mercado con éxito.

Soporte Técnico

La digitalización de tu negocio implica la utilización de sistemas informáticos, tanto equipos como aplicaciones. Esta infraestructura es esencial que funcione para poder operar. Por tanto, deberás considerar con qué soporte técnico cuentas para asegurar que tus sistemas estén disponibles cuando los necesitas.

Ventas, Marketing Y Atención Al Cliente

Cuando estás empezando un negocio, estas tres funciones comerciales pueden ser combinadas y manejadas por una o dos personas.

Con el tiempo, a medida que tu negocio despega y continúa creciendo, deberás dividir estas funciones en su propio departamento y tener políticas separadas y documentadas para los procesos que acompañan a cada tarea.

Sistema de Priorización R.I.C.E.

Si después de haber hecho la lista de todas las tareas repetitivas, sigues teniendo dudas de por dónde empezar o si existen intereses enfrentados entre diferentes departamentos, te sugiero que utilices el método RICE para determinar la prioridad de manera objetiva.

El método RICE es un marco de priorización diseñado para ayudar a los gerentes de productos a determinar qué productos, características y otras iniciativas incluir en sus hojas de ruta, pero por la naturaleza de los indicadores que utiliza, también puede ser muy útil para priorizar tus procesos.

El marco se basa en cuatro factores que forman el acrónimo RICE: alcance (**R**each), impacto (**I**mpact), confianza (**C**onfidence) y esfuerzo (**E**ffort).

El **alcance** se refiere a la cantidad de personas que se espera que alcance la iniciativa en un período de tiempo determinado.

El **impacto** puede reflejar una meta cuantitativa, como cuántas nuevas conversiones resultarán de tu proyecto cuando los usuarios lo encuentren, o un objetivo más cualitativo como aumentar la satisfacción del cliente.

La **confianza** se refiere a la certeza que tiene el equipo de que la iniciativa tendrá éxito.

El **esfuerzo** se refiere a la cantidad de tiempo y recursos necesarios para completar la iniciativa

Usar un modelo de puntuación como RICE puede una triple ventaja: te permite tomar decisiones mejor informadas, minimizar los sesgos personales en la toma de decisiones y ayudarte a defender tus prioridades ante otras partes interesadas.

Crear tu propio marco RICE es fácil. Crea una tabla con 6 columnas: Proceso | Alcance | Impacto | Confianza | Esfuerzo | Indicador

En la columna Proceso, escribes el nombre del proceso.

En la columna Alcance pones el número de personas de la organización a las que afectará el proceso. Si no puedes especificar una cantidad, pondéralo del 1 al 5, siendo 1 casi nadie y 5 todos.

En la columna Impacto trata de cuantificar el dinero, el tiempo o los disgustos que te ahorrarás ejecutando el proceso. Si no puedes, pondéralo del 1 al 5, siendo 1 poco ahorro y 5 mucho ahorro

En la columna Confianza evalúa cuanta confianza tienes en que la implementación de este proceso logre el impacto deseado. La confianza se evalúa como porcentaje, en el que el 100 % significa confianza total, el 80 % significa optimismo, pero no certeza y el 50 %, baja confianza. Cualquier porcentaje por debajo del 50 % es pesimismo.

En la columna Esfuerzo cuantifica el coste de definir y poner en marcha el proceso. Considera tiempo y recursos materiales. Si no puedes cuantificarlo, pondéralo del 1 al 5, siendo 1 casi sin coste y 5 carísimo.

En la columna Indicador pon el resultado de la fórmula:

Alcance x Impacto x Confianza / Esfuerzo

Ahora, ordena la tabla por el campo indicador, de mayor a menor, y selecciona el proceso que tenga el indicador más alto. Ese será tu punto de partida.

Después de haber analizado tu lista y priorizado las funciones de acuerdo con su importancia y necesidad para poner en marcha tu negocio, el siguiente paso es desarrollar las políticas y procedimientos que serán esenciales para mantener tu negocio en funcionamiento, incluso cuando no estés en la oficina.

#3 Desarrollar Políticas Y Procedimientos

Cuando tengas tus prioridades en orden, es hora de que comiences a desarrollar las políticas y procedimientos que serán el núcleo de tu negocio.

Estas políticas y procedimientos mantendrán cada una de las funciones esenciales de tu negocio funcionando sin problemas, para que puedas enfocar tu tiempo y esfuerzo en hacer crecer tu negocio.

Al avanzar en este paso, es crucial tener en mente que, aunque inicialmente estés agrupando diversas funciones en una misma categoría, cada una de estas funciones debe ser meticulosamente definida con sus propios procedimientos y responsabilidades bien establecidos. La claridad en la delimitación de roles y procesos resulta fundamental para un funcionamiento fluido y eficaz de tu negocio.

Desarrollar políticas y procedimientos no es más que crear un proceso lógico que pueda documentarse en un manual de formación. Deben ser tan relevantes para un equipo de tres como lo serían para un grupo de trescientos.

Aquí hay algunos ejemplos para ayudarte a comenzar a elaborar los procedimientos para cada una de las funciones esenciales de tu negocio.

Contabilidad

Debes tener políticas que incluyan pautas sobre la frecuencia con la que se deben registrar facturas en las cuentas por pagar y por cobrar, cuándo se deben determinar los impuestos, cómo manejar la nómina de los empleados y cómo realizar un seguimiento de los gastos.

Administración

Las políticas y procedimientos de administración deben incluir pautas sobre cómo abrir y cerrar la oficina, cómo proceder con la correspondencia y las llamadas telefónicas, cómo organizar y mantener el sistema de archivo, como adquirir suministros de oficina, etc.

Ventas, Marketing Y Atención Al Cliente

Los departamentos de ventas, marketing y atención al cliente deberán tener instrucciones claramente definidas sobre cómo interactuar con el público.

El marketing necesitará pautas sobre cómo crear anuncios atractivos que atraigan a los consumidores, mientras que los departamentos de ventas y atención al cliente representarán a la empresa cuando se acerquen a los posibles clientes y se ocupen de los existentes.

Aquí es donde encaja la imagen de marca. La imagen de marca es la percepción que el público tiene de la identidad corporativa de una empresa. Los elementos fundamentales que componen la imagen de marca son los siguientes:

- **Identidad visual**: logotipo, colores, tipografía, imágenes, eslogan, etc.
- **Características diferenciales del producto**: empaque, calidad, diseño, etc.
- **Personalidad de la marca**: valores, misión, visión, etc.
- **Experiencia del cliente**: atención al cliente, calidad del servicio, etc.
- **Comunicación**: tono, publicidad, relaciones públicas, redes sociales, etc.

Es importante tener en cuenta que estos elementos no son independientes entre sí y que todos ellos deben estar alineados para crear una imagen de marca coherente y efectiva.

Aquí juega un papel muy importante el tono de comunicación. El tono de comunicación de una marca es la forma en que se expresa y comunica con su público. Es la personalidad de la marca y se refiere al tipo de lenguaje que emplea una empresa para las diversas comunicaciones que tiene con su público.

El tono de comunicación está ligado a la personalidad e identidad de la marca, por lo que es necesario que este se encuentre bien definido para que se mantengan alineados en todas sus formas de comunicación, de lo contrario, la marca puede mostrar incoherencia y una mala imagen a su público.

Si quieres aprender a crear tu imagen de marcar, recuerda que en Revolución Digital dispones de múltiples recursos. Puedes encontrar el enlace en las páginas finales.

#4 Documentar Los Procesos

Para que tus sistemas empresariales funcionen con corrección, deben estar claramente documentados para que no haya oportunidad de falta de comunicación o confusión sobre lo que se debe hacer en una situación dada.

Si bien registrar tus procesos y procedimientos puede ser una tarea intimidante, existen algunos recursos excelentes que puedes usar para ello y que te cuento a continuación.

Tus nuevos empleados, es posible que tengan alguna experiencia en el área donde trabajarán. Aprovecha esta experiencia para ayudarte a crear las políticas y procedimientos para tu negocio.

Para reducir el tiempo que dedicas a escribir los procesos, recurre a plantillas y herramientas que te facilitarán el trabajo. Piensa que no tiene sentido que gastes tu valioso tiempo reinventando la rueda. Mucha de la información que necesitas ya ha sido escrita y se puede personalizar para tu empresa con un mínimo esfuerzo por tu parte.

A este respecto, en Revolución Digital tienes a tu disposición un paquete de plantillas que he preparado específicamente para ello. Concretamente, la plantilla Documentación Interna[1] ha

------

[1] https://www.eclaravalls.com/plantilla-notion-documentacion-interna

sido diseñada para poder documentar las políticas, los POE, las guías y manuales. Adicionalmente, incluye una página donde podrás definir y hacer un seguimiento de los indicadores clave de tu negocio.

Si realmente no tienes el tiempo o los recursos en tu empresa para ayudarte a documentar tus políticas y procedimientos, siempre puedes contratar a un consultor de negocios para que te ayude a crear un manual de procesos y un manual de empleado viable. El dinero que gastes en este tipo de servicio valdrá la pena a largo plazo.

¿Estás pensando en mí? En la parte final del libro encontrarás cómo contactar conmigo para que me cuentes tus necesidades.

#5 Implementar Los Procesos

Una vez que hayas comenzado a documentar tus procesos y procedimientos, querrás probarlos. Comienza a implementar los procesos para determinar si la estructura básica es sólida. No te enojes si te encuentras con baches en el camino, ningún negocio, sin importar el tamaño, lo hace completamente bien la primera vez.

A medida que realizas una prueba de ejecución de los procesos, considera si el proceso tiene el potencial de modificarse en el camino para garantizar que tu empresa sea capaz de funcionar sin problemas cuando estés ausente.

Trata de simplificar todo lo que sea posible. El exceso de control es inversamente proporcional a la delegación y la simplicidad.

A medida que tu empresa crezca, encontrarás necesario agregar puestos a varios departamentos, ajustar las políticas y procedimientos para acomodar nuevas leyes y regulaciones, o crear nuevos departamentos dividiendo los más antiguos. Si tu sistema primario es sólido, estos nuevos desarrollos en tu empresa serán relativamente fáciles de tratar y no requerirán que revises por completo la forma en que haces negocios.

#6 Diagrama El Flujo De Tu Negocio

No es suficiente que simplemente identifiques y priorices las funciones de tu negocio. También debes asegurarte de que haya un flujo y reflujo lógico entre cada una de estas áreas esenciales.

Si bien esto puede parecer redundante una vez que hayas descubierto lo que se supone que debe hacer cada departamento, la realidad es que no lo es. Piensa en la maquinaria que compone un reloj. Puede que cada pieza sea una obra maestra por sí misma, pero si no encajan entre sí, el reloj no funcionará.

A continuación, te aporto algunas ideas para ayudarte con la diagramación y definición del flujo dentro de tu negocio.

Comienza con un diagrama de cómo fluyen las cosas a través de cada departamento. Por ejemplo, un nuevo pedido de cliente comienza con Ventas, llega al área de procesamiento de pedidos, luego encuentra su camino hacia expediciones y finalmente termina con la facturación. En algún momento, el servicio de atención al cliente deberá participar en el seguimiento y asegurarse de que el cliente esté satisfecho con su compra.

A continuación, identifica quién es responsable de cada progresión en el flujo.

Evalúa cuánto tiempo tarda el flujo de la orden en abrirse camino a través del proceso y determina si alguna área necesita mejoras.

Tomarte tiempo para diagramar los diversos procesos te ayudará de dos maneras. En primer lugar, dejará claro si las políticas y procedimientos que has implementado funcionan correctamente o no. En segundo lugar, te ayudará a ti y a tu equipo a detectar cualquier área en la que pueda mejorar la comunicación, definir más claramente los procedimientos y qué pasos se pueden simplificar para ahorrarte tiempo y dinero.

Aunque esto puede parecer una gran cantidad de trabajo, es relativamente fácil de lograr. El grado de detalle y el tiempo que dediques a desarrollar estos procedimientos dependerá del tamaño y la naturaleza de tu negocio.

Si bien algunos de los pasos podrán completarse en cuestión de minutos, otros tardarán días o semanas en completarse. Construir una base sólida cuando recién comienzas tu negocio te ahorrará una cantidad considerable de tiempo y dinero una vez que tengas tu empresa en funcionamiento.

En el mercado existen múltiples herramientas que te permiten hacer diagramas de flujo, pero después de haber probado muchas, hace tiempo que utilizo *Whimsical*. En el capítulo «Ecosistema de Aplicaciones» te cuento porqué.

Cómo Documentar Tus Procesos

Los Procedimientos Operativos Estandarizados (POE)

Para sistematizar verdaderamente tu negocio y garantizar que continúe funcionando sin problemas, debes crear un Manual de Procedimientos Operativos Estandarizados donde se encuentren documentados todos tus procesos.

Un Procedimiento Operativo Estandarizado o POE (SOP en inglés) es un documento en el cual se describen minuciosamente las instrucciones para un determinado proceso de trabajo.

Los POE son una parte esencial del sistema operativo para cualquier empresa y es ampliamente utilizada por todas las empresas de éxito, entre ellas el ejército estadounidense y McDonald's. ¡Pero pienses que esto es solo para empresas grandes! Al revés, cuantos menos recursos tiene la empresa, más importante es tenerlo todo documentado, ya que esto te permitirá asegurar la subcontratación, minimizar el proceso de formación de nuevos empleados y evitar la fuga de conocimiento.

Por tanto, los POE se crean para facilitar la manera en que haces negocios. Están diseñados para hacer que las cosas funcionen sin esfuerzo ni fricción y ayudan a evitar que ocurran errores costosos. Los POE no solo simplifican y formalizan cada tarea en tu negocio, sino que también evitan que el conocimiento de algún proceso resida únicamente en manos de un solo miembro de tu equipo.

La falta de POE en tu negocio implica que, si las personas clave se van, su conocimiento y experiencia se esfuman con ellos. Sin estos sistemas, estás corriendo el riesgo de que tu negocio pueda quedar paralizado por dependencia operativa de la experiencia de un puñado de personas que son las únicas que conocen la "salsa secreta" de tu modelo de negocio. Tener procesos operativos estandarizados significa que no tendrás que preocuparte de que la fuga de personal clave pueda paralizar tu negocio.

Cómo Documentar Tus Sistemas

Al documentar tus sistemas y crear un POE, es esencial incluir tanto cómo se realiza la tarea como la razón por la que se realiza la tarea y la importancia de la tarea para el éxito general de la empresa. Tus empleados deben entender que no importa cuán servil puedan pensar que es una función, es, de hecho, una parte esencial del diseño general para el éxito del negocio. El borrador inicial de cada procedimiento debería incluir lo siguiente:

- Título
- El motivo del POE

- Los pasos de acción específicos necesarios para completar la tarea

Estos tres elementos deben estar cubiertos en el borrador para que el proceso tenga éxito. El método de redacción del documento es simple. Imagina que incorporas a una nueva persona a tu equipo y tienes que explicarle qué debe hacer para completar la tarea. Básicamente, se trata de una comunicación escrita y cubre cada paso del proceso desde el inicio hasta la finalización.

Suele resultar muy útil incluir fotos en el documento. Ilustrar las tareas podría ser esencial para que la persona pueda comprender la tarea. Los videos del proceso también pueden resultar útiles para mostrar un proceso de varios pasos. Tu objetivo, al documentar tus métodos, es ilustrar completamente la tarea para eliminar cualquier pregunta potencial que pueda surgir sobre el cómo y el por qué. Utilizar herramientas como Scribe y Notion pueden facilitar muchísimo esta tarea.

Desarrollar Convenciones De Nomenclatura

Lo primero que debes hacer, incluso antes de poner el lápiz en el papel, es desarrollar una convención de nomenclatura estandarizada para los documentos que va a crear.

Tener una convención de nomenclatura estandarizada te permitirá mantener la consistencia y facilitará que los empleados encuentren el material correcto.

Si bien es posible que al inicio solo tengas unos pocos procedimientos documentados, a medida que tu negocio crezca, también lo hará el número de POE.

A continuación, te presento algunos consejos para desarrollar convenciones de nomenclatura que te ayudarán a controlar cómo se escriben, revisan, publican y archivan los procedimientos.

¿Qué Son Las Convenciones De Nomenclatura?

Las convenciones de nomenclatura no son otra cosa que la forma de nombrar sus documentos de manera estructurada. La clave es mantener consistencia entre los POE.

Tu objetivo principal al adoptar una convención de nomenclatura es que tú y tu equipo podáis identificar rápidamente el tipo y el propósito de todos los documentos POE.

La idea es que la nomenclatura sea fácil de seguir, significativa y entendida por todos, evitando el uso de términos oscuros o crípticos que no sean prácticos, de manera que los encargados de escribir los POE acaben por dejar de usar las pautas.

Pautas Para La Nomenclatura

Las siguientes son pautas importantes que deberías seguir para asignar nombres a tus documentos POE.

- **Nombre del propietario** del documento POE. Generalmente será una abreviatura del nombre de tu empresa. Por ejemplo, ACME.
- **Nombre del departamento** o área en el que és de aplicación el POE (Recursos humanos, contabilidad,

administración, marketing, ...). Por ejemplo, COM para compras

- **POE** para demostrar que es un procedimiento operativo estandarizado
- **Título abreviado** que indique qué se explica. Por Ejemplo, RecepcionProductos
- **Número de versión y revisión**: por ejemplo, v1.0, v1.1, v2.0

Usando estas pautas, el nombre oficial del POE se vería así:

ACME-COM-POE RecepcionProductos v1.1

Antes de comenzar a escribir tus POE, es esencial que pienses en cómo se administrarán en el futuro. Debes considerar cómo se gestionarán cientos de documentos, con diferentes versiones y controles de estado. Asegúrate de crear convenciones significativas y documentarlas para que, si alguien se hace cargo del proceso de creación de POE, pueda usar los mismos estándares y mantener sus documentos uniformes. Es decir, el primer POE que deberás redactar es el POE para crear y gestionar procedimientos operativos estandarizados.

Cómo Redactar un POE

Como ya sabes, tus procedimientos operativos estandarizados no son más que instrucciones para completar una tarea determinada.

Para comprender completamente el proceso que estás documentando, debes ponerte en la piel de aquellos que realizarán la tarea y escribir el documento desde su perspectiva. Cuando comiences a grabar tus procedimientos, deberás tener en cuenta lo siguiente.

1. Escribe en tiempo presente. Ten en cuenta que la persona que está siguiendo el procedimiento está realizando la tarea justo en ese momento.
2. Evita ser vago con tus instrucciones. Se claro.
3. Ve al grano y se conciso.
4. Escribe los pasos en un orden lógico y secuencial.
5. Resalta las excepciones. Puedes usar un símbolo para marcar las excepciones y cómo manejar esas excepciones.
6. Resalta las advertencias. Las advertencias son aquellas cosas con las que el usuario debe tener precaución al realizar la tarea. Si tienes advertencias en tus procedimientos, use una fuente más grande o un color diferente para resaltar estas áreas.
7. Incluye el significado de los acrónimos antes de colocarlos en el texto.
8. Numera cada paso del proceso.

Finalmente, el proceso de redacción de tu POE requiere que consideres todos los pasos de acción en el procedimiento y realices una evaluación de riesgos antes de que puedas comenzar cualquier trabajo.

Numeración De Los Pasos De Acción

Cada procedimiento debe enumerar todas las acciones que deben realizarse para completar la tarea. Para simplificar las cosas, registra los pasos de acción en orden secuencial, comenzando en 1 y continúa en orden ascendente.

El aspecto más crítico de numerar los pasos de las acciones es mantener el estilo consistente. No cambies los estilos en medio de la creación de tu POE.

Al numerar cada paso del procedimiento, te aseguras de que el lector comience en el lugar correcto y elimina cualquier ambigüedad o malentendido que podría ocurrir si no numeraras los pasos.

Creación De Los Pasos De Acción

Los pasos de acción no son más que los pasos individuales que se realizan en cada procedimiento. La mayoría de los sistemas que documentarás se presentarán como una secuencia. Sin embargo, también debes considerar otros factores, como múltiples opciones al realizar una tarea, cualquier función secundaria que deba completarse y otros procedimientos relacionados.

Para finalizar el sistema, puede ayudar poner al usuario en contexto, indicarle si hay algo que debe completar antes de comenzar, las cosas que deben evitarse y las consecuencias que produce el hecho de que ejecute el POE, es decir, las salidas.

Procedimientos Para Crear Pasos De Acción

#1 Objeto del Procedimiento.

Antes de escribir cualquier paso en tu procedimiento, deberías abrir con un breve resumen que explique cuál es el objeto de procedimiento o, lo que es lo mismo, lo que se logrará al realizar el proceso.

Este resumen ayuda a orientar al lector, para que sepa con un vistazo rápido si está en la página correcta. Debe ser breve, claro y conciso. A continuación, se muestra un ejemplo de un resumen para el proceso de recepción de productos.

A la hora de recibir productos, es preciso asegurarse de que nos hayan enviado la cantidad correcta y que esta cantidad sea la misma en el pedido, el albarán de entrega y la factura.
A continuación, encontrarás los pasos a seguir para ello.

#2 Identifica la tarea principal.

En el encabezado del procedimiento, deberás identificar la tarea principal. La identificación de la tarea principal define el punto de partida del procedimiento. Debe escribirse usando una acción o efecto de un verbo (el sustantivo derivado de un verbo, que suele acabar en -«*ción*») o bien un infinitivo. Por ejemplo:

Recepción de pedidos de productos

#3 Escribe los pasos de acción.

Escribe claramente cada paso en el procedimiento, asegurándote de que cada paso esté numerado en orden secuencial.

Para verificar que los artículos que se reciben coinciden con lo que se pidió, debes realizar las siguientes comprobaciones:
1. Confirma que la calidad del producto coincide con sus especificaciones.

2. Si todo cumple con las expectativas, acepta el pedido firmando el albarán. Si no estás satisfecho con alguno de los productos, sigue el procedimiento para rechazar el producto y solicita una nota de crédito para el producto que estás rechazando.

3. Una vez que hayas aceptado el pedido, márcalo como finalizado y mueve el producto al almacén

#4 Incluye cualquier sub-paso.

Si el procedimiento requiere una serie de opciones, en lugar de continuar con la numeración, es mejor crear subpasos, por ejemplo, 1.a, 1.b y 1.c. Esto ayuda al lector a ver que estos pasos ocurren en el paso número 1. Para resaltar esto aún más, sangra cada subpaso como en el ejemplo siguiente.

1. Para verificar que los artículos que se reciben coinciden con lo que se pidió, debes realizar las siguientes comprobaciones:

    a. Comprueba la cantidad y el peso del producto para asegurarte de que el importe indicado en la factura coincide con el pedido que estás recibiendo.

    b. Comprueba el precio unitario del producto para asegurarte de que el precio unitario de la factura coincide con el precio unitario del pedido de compra.

#5 Identificar tareas secundarias.

Identifica cualquier función secundaria que deba realizarse con la tarea principal o, si la tarea es complicada, la segunda serie de pasos. Esto muestra al lector que el procedimiento se compone realmente de dos partes, preparándolos para lo que viene.

#6 Incluye advertencias y notas.

Debes asegurarte de resaltar cualquier riesgo potencial que el lector pueda encontrar mientras realiza la tarea y cualquier nota para proporcionarle más información. Por ejemplo, si se está utilizando equipo peligroso para completar el procedimiento, resalta esos peligros usando íconos para que se destaquen.

#7 Incluye información relacionada.

Cada procedimiento es parte de algo más grande; Ningún sistema está solo. Al final de cada proceso, crea una sección "Para obtener más información" que enumere cualquier proceso relacionado.

Para más información:
- Almacenamiento de productos
- Almacenamiento de productos químicos
- Productos rotativos

Tu objetivo es asegurarte de que el lector tenga suficiente información para completar la tarea sin tener que pedir ayuda o mirar otro documento.

Uno de los desafíos que enfrentarás al escribir tus procedimientos es poder determinar la experiencia y el conocimiento del sistema por parte de los lectores.

Implementación de tus nuevos POE

Una vez que hayas documentado tus sistemas de negocio, deberás comenzar a implementarlos en tus operaciones diarias. Antes de lanzar oficialmente u POE, es recomendable que te tomes un tiempo para probarlo y medirlo con el objetivo de asegurarte de que funciona sin tu participación.

Implementa los nuevos sistemas durante un período, como una semana o un mes. Permite que tus empleados utilicen la documentación que has creado para seguir los nuevos procesos. Al final del plazo acordado, habla con tu personal, vendedores, proveedores y clientes y pídeles sus comentarios. Utiliza estos comentarios para revisar y mejorar los sistemas. Deberás hacer esto regularmente para mantener todos los procesos actualizados.

Obtén La Aceptación De Los Empleados

A medida que desarrolles y revises tus nuevos sistemas, involucra a tu equipo tanto como puedas. Ellos son los que han estado completando las tareas y serán los que utilizarán los sistemas recién documentados en el futuro. Incluso puedes hacer que los empleados desarrollen el borrador inicial de los procesos, dejándote a ti las tareas de revisar y establecer las versiones finales. Esto puede ayudar a acelerar el proceso y le da a tu equipo la propiedad del proceso.

Desarrollar y documentar procesos para tu negocio te permitirá sistematizarlo, ayudándote a liberar tu tiempo para concentrarte en las tareas más críticas relacionadas con el funcionamiento de tu negocio y mantenerlo funcionando sin problemas cuando estés fuera de la oficina.

Como Evaluar Los Beneficios

Más allá de la mejora de tu calidad de vida, estoy segura de que te será más fácil lanzarte a sistematizar y automatizar tu negocio si eres capaz de cuantificar los beneficios que esto te aporta, ya sea en tiempo o en dinero.

Generalmente, los proyectos de sistematización y automatización tienen un importante retorno de inversión (ROI). Sin embargo, hay ocasiones en que se necesita algo de creatividad para cuantificar ese ROI ya que el valor de este tipo de proyectos varía en función del proceso que se está automatizando.

El ROI puede venir por ahorros de coste o de tiempo y, a veces, por el aumento sobre la productividad que tienen esas automatizaciones. Este es un concepto muy asumido en el mundo industrial. Déjame ilustrarlo con un ejemplo:

Imagina una línea de montaje donde todas las operaciones se realizan de forma automática, pero una de ellas se realiza de forma manual. El tiempo de operación de las operaciones automáticas es de 1 minuto y la operación manual lleva 2 minutos realizarse. Es obvio que el número de productos fabricados por hora vendrá dado por la operación más lenta, en este caso, la operación manual. Esto implica que esta línea es capaz de fabricar 1 producto cada 2 minutos, o lo que es lo mismo, 30 productos a la hora.

Ahora bien, si automatizamos la operación manual y logramos reducir su tiempo de operación a 1 minuto, entonces habremos duplicado la productividad de la línea, pudiendo fabricar 60 productos a la hora. No habremos reducido el número de operaciones, ni reducido los costes de producción, pero si habremos logrado hacer más en menos tiempo. ¿Qué beneficio supone duplicar el tiempo de producción? Piénsalo.

En este capítulo, voy a tratar de cubrir que indicadores clave (KPI) debes recopilar antes de empezar a sistematizar o automatizar un proceso, así como determinar métricas útiles que muestren el impacto de la automatización y cómo empaquetarlas para que puedas conocer tu ROI y el valor económico de los proyectos de automatización.

Determina Tu Punto de Partida

En su forma más pura, los proyectos de automatización de procesos que resuelven incidentes y solicitudes de servicio de clientes pueden reducir los costos laborales y los tiempos de espera hasta en un 99% para tareas totalmente automatizadas, en comparación con las tareas realizadas de forma manual.

Para poder cuantificar los beneficios que te proporciona la automatización de flujos de trabajo, lo primero que tienes que hacer es crear una línea base que refleje el estado actual de tu negocio para el proceso que vas a sistematizar o automatizar. Para ello, deberás definir una serie de indicadores clave de rendimiento (KPI) para cada uno de los procesos de negocio y las funciones departamentales.

El objetivo final es poder compararlos con los valores que arrojen estos indicadores una vez el proceso ha sido sistematizado y automatizado.

A continuación, te muestro algunos ejemplos de métricas que pueden serte de utilidad.

Métrica	Definición	Unidades
Tiempo medio hasta la finalización	Duración media que se tarda en completar una tarea. Es el tiempo promedio que espera el solicitante de la tarea, desde que hace la petición hasta que recibe el resultado, incluidos los tiempos de inactividad en los que no se hace ningún trabajo.	Tiempo transcurrido.
Tiempo de procesamiento	Tiempo que se tarda en realizar el trabajo para completar una solicitud, sin incluir el tiempo de inactividad cuando no se realiza ningún trabajo	Tiempo transcurrido
Coste del procesamiento	El coste total de realizar el trabajo solicitado	Importe
Productividad del flujo de trabajo	El número de solicitudes completadas o la suma del beneficio total generado en un tiempo determinado.	Unidades/período de tiempo o beneficio total/período de tiempo
Nivel de Estandarización	% del total de solicitudes que se ajustan a procedimientos estandarizados.	Porcentaje
Recursos necesarios	Número y roles involucrados en el procesamiento del flujo de trabajo de la solicitud	Número de personas por rol
Pérdidas por errores	Costo en horas del tiempo de inactividad, o pérdida de ingresos o productividad debido al tiempo de inactividad.	Importe o tiempo/incidente o total/tiempo

Métrica	Definición	Unidades
Incidencias recurrentes	Porcentaje de incidentes conocidos que son problemas recurrentes resueltos por POE documentados	Porcentaje
Tiempo de inactividad	Tiempo promedio que las solicitudes permanecen inactivas sin que se realice ningún trabajo en ellas	Tiempo transcurrido
Rendimiento	Se trata de una métrica de capacidad del número simultaneo de solicitudes que se pueden realizar. Permite identificar cuellos de botella.	Unidades/tiempo
Coste del procesamiento	Beneficio que reporta la ejecución de una solicitud. Esta métrica es especialmente útil cuando el beneficio es mayor que el coste de procesamiento.	Importe
Calidad	Es útil cuando los errores en el procesamiento tienen un impacto en el aumento del coste o provocan retrasos	Nro. Errores/ciclo

Una vez que hayas capturado estas métricas, estarás en disposición de calcular los siguientes beneficios:

Métrica	Definición	Unidades
Productividad del proceso	Ciclos totales completados, o beneficio total producido por un flujo de trabajo durante un período de tiempo determinado.	Unidades/tiempo o importe/tiempo
Eficiencia del proceso	Ciclos totales completados, o beneficio total producido por un flujo de trabajo, por persona, durante un período de tiempo determinado	Unidades/rol/tiempo Importe/rol/tiempo

La comparación de los valores de productividad y eficiencia de procesos es una excelente manera de mostrar los efectos antes y después de la automatización.

Cálculo De Costes De Interrupciones Y Esperas

Los seres humanos no somos máquinas y nuestra naturaleza hace que exista una carga inherente en la incapacidad de concentrarse en un tema específico. En los flujos de trabajo dirigidos por personas, existen dos fuentes principales de sobrecarga de cambio de contexto:

- ser interrumpido en medio de una tarea para abordar algo con urgencia
- tener que esperar para obtener lo necesario para completar una tarea.

Coste de las interrupciones. El coste de las interrupciones viene generado por el cambio de contexto. Por muy focalizada que sea tu tarea, cada vez que alguien te interrumpe, a la hora de regresar a tu tarea, tu mente debe reenfocarse y volver a concentrarse para continuar donde lo habías dejado. Bajo un prisma conservador, se considera que la conmutación de tareas implica un 20% adicional de consumo de tiempo, es decir, si una tarea cuesta 30 minutos realizarse sin interrupciones, con una interrupción necesitarás 36 minutos, sin contar el tiempo invertido en la interrupción en sí.

Costo de Espera. Si debes interrumpir la tarea que estás realizando porque te falta algo que alguien debe entregarte y que todavía no tienes, irremediablemente te generará un mayor consumo de tiempo. Al no poder proseguir deberás cambiar a otra tarea mientras esperas a que se resuelva la dependencia. Se estima que, de promedio, el 40% del tiempo de espera es "no recuperable", lo que significa que no se puede utilizar para otra actividad de valor agregado debido a los costos asociados al cambio de contexto, planificación, ventanas de programación desalineadas, ineficiencia en la comunicación, seguimiento de solicitudes u otras razones. Al igual que en el caso anterior, este 40% se añade al tiempo de elaboración de la tarea.

Por tanto, eliminar las interrupciones y los tiempos de espera es otra forma de reducir los gastos generales en una empresa, y automatizar las tareas es una excelente manera de lograrlo.

Cálculo Del Beneficio De La Automatización

Existen varios escenarios sobre cómo puedes medir y obtener el beneficio aportado por tus proyectos de automatización.

Cálculo Por Ahorro

El modelo más simple para calcular el beneficio aportado por la automatización es asumir el ahorro que se genera cada vez que se ejecuta dicha automatización.

Por ejemplo, si has automatizado una tarea que para ejecutarse manualmente se requerían 8 horas de dedicación de una persona, el ahorro que obtienes es el coste de la mano de obra de esas 8 horas.

Cálculo Por Beneficio

En algunas ocasiones, el beneficio que se obtiene al automatizar un proceso es superior al ahorro en costes como, por ejemplo, un aumento de la calidad del resultado final o un aseguramiento del cumplimiento de plazos.

En estos casos, sería más apropiado contabilizar el beneficio aportado en lugar del coste ahorrado.

Beneficios De Conjunto

Todos los procesos que existen en tu negocio interactúan entre ellos formando un gran conjunto. Este conjunto lo podemos concebir como una máquina con entidad propia que es la que hace funcionar tu negocio.

Las salidas de unos procesos son las entradas de otros. Por tanto, los defectos de unos generan deficiencias en los procesos dependientes y viceversa, los beneficios de unos generan beneficios en otros.

Por ejemplo, el proceso de compra de suministros podría contener varios subprocesos.

1. Emisión de un pedido interno
2. Autorización del pedido interno
3. Emisión del pedido al proveedor
4. Recepción de materiales

Si el subproceso de autorización del pedido interno se demora, se inducirán unos costes por espera hacia el proceso de emisión del pedido al proveedor y podrían inducirse unos costes por espera mucho mayores sobre el proceso que generó la emisión del pedido al demorarse la recepción del material suministrado.

De la misma manera, una mejora en el proceso de compras implicará una mejora en el proceso que desencadenó la emisión del pedido.

En resumen, los costes o los beneficios de los procesos particulares tienen impacto en los beneficios o costes de la maquina global, y deberías contemplarlos también.

Cálculo Del ROI

Llegados a este punto, ya deberías tener una variedad de métricas potenciales para mostrar las mejoras aportadas por la automatización de los procesos.

Para resumir este impacto, necesitarás conocer la relevancia y la contribución de tus procesos automatizados a los KPI de los POE que ayudan a implementar.

Para un cálculo de ROI económico, necesitarás las siguientes métricas:

1. Costes ahorrados gracias a la ejecución del flujo de trabajo
2. Reducción del coste por reducción de errores
3. Beneficio económico generado por el flujo de trabajo a través de una mejor operación, como tiempos de ciclo más rápidos, mayor rendimiento, con respecto al indicador inicial del mismo proceso.
4. Beneficio económico generado al liberar a las personas para realizar otras tareas de mayor valor. Puedes hacerlo agregando ahorros de los costes o por el valor económico generado al poder realizar tareas adicionales
5. Coste del entorno de automatización
6. Coste del tiempo dedicado a automatizar cada flujo de trabajo

Calcular el retorno de la inversión, o el beneficio neto es simplemente una cuestión de sumar los beneficios y restar las inversiones:

Beneficio neto= [Reducción de costes] + [Valor de negocio generado] + [Valor de otras oportunidades abiertas] - [Coste del entorno de automatización] – [Coste del tiempo dedicado a automatizar cada tarea]

Conclusión

La clave para demostrar el valor empresarial de un proyecto de automatización de procesos es identificar las métricas correctas para los flujos de trabajo que estás automatizando.

También es importante vincularlos a KPI y objetivos para los procesos generales que respaldan.

Establecer una línea de base, crear su pronóstico y realizar un seguimiento del impacto del proyecto a lo largo del tiempo puede ayudarte a demostrar el valor de la automatización. Concéntrate en los beneficios más significativos y adapta tu enfoque para satisfacer tus prioridades.

Con las conclusiones obtenidas, revisa tu tabla de prioridades RICE y comprueba cuan acertadas fueron tus previsiones comparadas con los resultados obtenidos. Si lo consideras necesario, revisa los indicadores para el resto de los procesos pendientes.

Cómo Externalizar Tareas

Una de las ventajas de la revolución digital en los negocios es precisamente, la reducción de costes de infraestructuras y personal.

Contratar personal implica unos gastos fijos que para nada están relacionados con la facturación. Contratar a alguien es muy fácil, pero despedirlo cuando las cosas no van bien económicamente, puede ser un auténtico dolor de cabeza para un emprendedor o una pyme.

Lo mismo ocurre con los sistemas. Cargarse de servidores y licencias de software requiere de un departamento de sistemas y soporte técnico. Todo esto dispara tus costes fijos y complica la rentabilidad de cualquier emprendedor o pyme.

Pero que no puedas hacer frente a estos costes no significa que no necesites los servicios de estas personas o sistemas. De hecho, para tener las mismas eficiencias que una gran corporación, tendrás que subcontratar muchas de las funciones esenciales de tu negocio.

Más adelante hablaré del tema de sistemas de información, pero ahora veamos qué pasa con el tema del personal.

Cuando se habla de subcontratación, hay quien se imagina un "asistente virtual superestrella" que lo hace todo mientras el propietario del negocio se sienta y se relaja.

Desafortunadamente, esto dista mucho de la realidad. De hecho, ningún negocio puede ejecutarse 100% en piloto automático. Para tener éxito, debes tener un papel activo y estar presente cuando se trata de tomar las decisiones cruciales. Recuerda siempre el dicho aquel que dice «El ojo del amo engorda el caballo».

Sin embargo, la subcontratación es una herramienta muy potente que debes aprender a utilizar. Hoy en día, con el teletrabajo y las herramientas colaborativas, se abre un mundo que te pone a tu disposición una infinidad de grandes profesionales repartidos por el mundo.

Para que la subcontratación funcione bien, es necesario contar con un marco establecido y procesos documentados que permitan a cualquier persona completar las tareas necesarias.

Ten en cuenta que es mejor contratar a diferentes personas que puedan manejar pequeños aspectos de tu negocio, en lugar de buscar una sola persona que pueda hacerlo todo. Al subcontratar a diferentes personas, obtienes los siguientes beneficios:

1. Das con la persona adecuada porque estás contratando un trabajo específico.
2. Ahorras dinero porque no estás contratando empleados a tiempo completo a los que pagar, aunque no haya ventas.
3. Eliminas cuellos de botella ya que tu negocio no se detiene si un trabajador se enferma o se desvincula.
4. No tendrás que preocuparte si alguien es adecuado para el trabajo. Si no funciona, no lo contratas más.

Puedes pensar que la subcontratación es una gran molestia porque tienes que tratar con varias personas. Sin embargo, es una decisión comercial inteligente, especialmente cuando tú eres propietario de un nuevo negocio, ya que los proyectos se vuelven rentables al ser completados por personas que saben lo que están haciendo.

Tu estrategia final en la subcontratación es construir un equipo capaz, donde cada miembro se especialice en hacer una cosa realmente bien. La subcontratación te permite presentar una imagen profesional mientras te aseguras de que tus costes fijos no se disparan.

A continuación, te presento un proceso de cinco pasos para localizar y contratar a un gran profesional independiente. Sigue esta estrategia para cada nueva contratación que hagas, y pronto tendrás un equipo lleno de personas talentosas que son capaces de hacer un excelente trabajo en cada proyecto.

Paso 1. Identifica La Tarea A Externalizar

Para tener éxito, debes comenzar cada proyecto sabiendo exactamente lo que quieres lograr. Necesitarás saber qué habilidades son necesarias para completar la tarea, qué resultado estás buscando y el nivel de experiencia requerido para tener éxito.

Esta es la mejor manera de encontrar y contratar a la persona adecuada para un trabajo específico.

Antes de escribir la descripción del proyecto, deberás responder las siguientes preguntas.

- ¿Cuál es el objetivo exacto del proyecto? ¿Qué problema resolverá?
- ¿Es un proyecto repetitivo o una solución para una sola vez? ¿Has completado el proceso tú mismo?
- ¿Puedes describir los errores que cometiste durante el proceso? ¿Has contratado a un freelancer en el pasado para este tipo de proyecto?
- ¿Qué aprendiste de la experiencia?

Tómate el tiempo para completar este ejercicio y se minucioso al responder las preguntas. Este paso te ayudará a identificar cualquier problema potencial que pueda surgir con el profesional independiente. Además, es una excelente manera de asegurarse de que la descripción del proyecto incluya todas las características y elementos que necesitas que tu profesional independiente posea.

Paso 2. Escribe La Descripción De Tu Proyecto

La mayoría de los sitios web de subcontratación que utilizarás implementan un sistema de licitación para proyectos. Es tu trabajo escribir una descripción detallada de lo que quieres. Una vez que la descripción del proyecto se publica en los sitios, las personas podrán presentar una oferta para el proyecto enviando una estimación de costes e información sobre su nivel de experiencia.

Dependiendo del proyecto que publiques, podrías recibir desde un puñado de ofertas hasta decenas de propuestas. Tratar de filtrar las propuestas que recibes puede ser una tarea desalentadora y que puede abrumarte rápidamente. Estos son algunos de los aspectos que puedes evaluar para las propuestas que recibes.

- Precio
- Valoración de los comentarios
- Experiencia laboral previa
- Habilidades de comunicación
- Muestras de trabajo

Cada sitio web de subcontratación está lleno de trabajadores independientes talentosos. El truco para llamar su atención es escribir una descripción convincente del proyecto. Debe estar escrito de una manera que aliente a los freelancers de primer nivel a responder mientras desalienta sutilmente a los no cualificados. Incluir los siguientes siete elementos en cada descripción de trabajo asegurará que respondan a tu publicación los mejores freelancers.

#1 Incluye Un Título De Proyecto Específico

En lugar de tratar de ser original o chic con el título de tu proyecto, es mejor escribir una breve descripción del trabajo que deseas completar. Por ejemplo, si necesitas contratar a un escritor para un informe de marketing en redes sociales de 10,000 palabras, entonces debe escribir:

> Escritor profesional para un informe de marketing
> en redes sociales de 10,000 palabras

Escribe el título del proyecto centrado en el objetivo principal. Recuerda que lo que quieres son personas que estén interesadas en este proyecto, no licitar simplemente porque necesitan el trabajo.

#2 Enumera Las Habilidades Requeridas

No es suficiente simplemente publicar una descripción del trabajo, especialmente si deseas encontrar el profesional independiente adecuado para el proyecto.

La mejor manera de buscar a la persona adecuada es pedir experiencia específica con la tarea. En otras palabras, incluye habilidades específicas que disuadirán a cualquiera que sea un generalista o que no esté preparado. Céntrate en atraer a aquellos freelancers que puedan demostrar antecedentes y experiencia para completar el tipo de proyecto que estás buscando subcontratar.

Por ejemplo, digamos que necesitas contratar a alguien para crear comunicados de prensa. Dado que este tipo de documentos generalmente se escriben en un formato formal en tercera persona, no querrás contratar a alguien que solo tenga experiencia blogueando o creando artículos. En cambio, deseas encontrar a alguien que tenga una amplia experiencia en la creación de excelentes comunicados de prensa.

Como parte de la descripción, solicita ejemplos de proyectos similares. El freelancer debe adjuntarlos a su oferta o proporcionarte un hipervínculo donde puedas consultarlos para evaluar su trabajo.

#3 Enumera Tus Requisitos

Cuando se trata de subcontratación, hay personas que son adecuadas para el trabajo, y hay quienes no lo son. Para ahorrarte un montón de tiempo, es mejor eliminar a aquellos que no son adecuados para el trabajo antes de hacer tu oferta.

Lo mejor que puedes hacer es tener claro lo que necesitas desde el principio. De esta manera, no perderás el tiempo con un profesional independiente que no sea adecuado para el trabajo.

Por ejemplo, al contratar a un escritor, es posible que necesites una persona que hable inglés como lengua materna porque deseas el estilo informal y conversacional que generalmente no tiene alguien que habla inglés como segundo idioma.

Con el tiempo, comenzarás a desarrollar una idea de lo que necesitas para tus proyectos. No ocultes tus requisitos. En su lugar, publica lo que necesitas específicamente en la descripción inicial del proyecto, para que no termines perdiendo tu tiempo o el del profesional independiente.

#4 Proporciona Parámetros Específicos

Es esencial que la descripción que escribas para el proyecto sea increíblemente detallada con respecto a lo que se requiere. Debes incluir todos los elementos posibles para que los que pujan por tu proyecto puedan proporcionar un precio de oferta preciso.

Por ejemplo, puedes incluir lo siguiente:

Habilidades técnicas específicas requeridas para completar el proyecto:
- Lenguaje de programación específico
- Número exacto de palabras para el proyecto
- Nicho de mercado para el producto
- Descripción del público objetivo
- Ejemplos de productos y sitios web

- Enlaces a tu línea de productos actual
- Elementos que te gustan de tu competencia

Proporcionar descripciones detalladas del proyecto y lo que necesitas ayudará a eliminar a cualquier profesional independiente perezoso. Las descripciones detalladas de las ofertas de trabajo generalmente aseguran que las personas que están licitando en el proyecto confíen en su capacidad para entregar un proyecto de calidad.

#5 Crear Una Descripción Privada (Opcional)

A veces, el trabajo que estás subcontratando requiere un cierto nivel de privacidad porque no deseas revelar demasiado sobre tu proyecto. Para estas situaciones, escribe una descripción vaga informando que, para los candidatos seleccionados, habrá una descripción más detallada, pero que deberán firmar un acuerdo de confidencialidad antes de proporcionarles el resto de los detalles del proyecto.

#6 Incluye Una Declaración Sobre El Plagio

Desafortunadamente, cuando contratas a un creativo, el plagio es algo que tendrá que ser tomado en consideración. De vez en cuando, te encontrarás con un profesional independiente que piensa que está bien usar el mismo contenido del sitio web de otra persona. Para combatir esto, debes incluir una política de "tolerancia cero al plagio" dentro de la descripción de tu procedimiento

Informa a los licitadores por adelantado de que verificarás si hay plagio apoyándote en herramientas como Copyscape.

#7 Incrustar Una Frase Clave

Prestar atención a los detalles es una habilidad que no se puede enseñar. O alguien entiende lo vital que es leer las instrucciones a fondo, o no. Y tú no quieres a quienes no lo hace.

Una forma sencilla de probar la atención a los detalles de alguien es incluir una "frase clave" en algún lugar de la descripción de tu trabajo. Ya sea al final de dicha descripción o en algún lugar en medio de un párrafo largo.

Para ver quién prestó atención a los detalles de la descripción de tu proyecto y encontrar freelancers que puedan seguir instrucciones, pídeles que envíen su oferta con la frase clave en la parte superior.

Esta es una manera de sacarte de encima las respuestas "automatizadas" de algunas personas o empresas.

Paso 3. Eliminar Las Ofertas No Calificadas

Dependiendo del proyecto, a menudo obtendrás docenas de ofertas, lo que puede ser increíblemente abrumador. Si bien es esencial que examines cada una de ellas, tomará demasiado tiempo revisar el historial laboral de cada candidato. Aquí hay un sistema simple que te permitirá eliminar candidatos no calificados rápidamente.

1. Elimina cualquier propuesta que parezca una plantilla y aquellas que no respondan a tus preguntas. Solo

mantén aquellas propuestas que brinden respuestas claras a tus preguntas.

2. Elimina cualquier puja que no incluya la frase clave.
3. Elimina cualquier oferta que no incluya ejemplos de proyectos similares.
4. Elimina a los candidatos que no tienen ningún historial de trabajo en el sitio.
5. Elimina a cualquier candidato que no tenga al menos puntuación de 4.5 o más.
6. Elimina a los candidatos que no poseen las habilidades específicas que necesitas.

Sorprendentemente, puedes eliminar a muchos freelancers con estas seis reglas. Ten en cuenta que el coste no está incluido en esta lista. En este punto del proceso, el objetivo es eliminar a los freelancers que no son adecuados para el proyecto enumerado.

Paso 4. Elije De 3 A 5 Candidatos

Después de eliminar rápidamente a los candidatos no calificados, todavía tendrás un gran grupo de freelancers por clasificar. Esto requerirá que vuelvas a revisar la lista y descalificar a candidatos específicos.

Tu objetivo con este paso es reducir tus opciones a 3 o 5 candidatos calificados.

Este paso puede ser difícil porque el grupo de candidatos ahora está lleno de excelentes freelancers. Por tanto, ahora es el momento de que mires cuidadosamente cada oferta y decidas cuál es el candidato más calificado para tu proyecto.

Para reducir tus opciones nuevamente, mira los criterios que se enumeran a continuación.

El precio de oferta

Este es el paso en el proceso cuando tienes que considerar el coste. Al decidir sobre un candidato, elige un rango de precios de oferta que sea aceptable para ti y elimina a aquellos candidatos que están por encima o por debajo de tu cifra objetivo.

Es importante recordar que obtienes lo que pagas, por lo que debes asegurarte de eliminar las ofertas más bajas porque esto suele ser un buen indicador de que recibirás un servicio deficiente.

Fecha de Entrega

Incluso los freelancers más experimentados pueden ser una pérdida de dinero si no pueden completar un proyecto a tiempo. Cada oferta que recibas te dará un cronograma esperado para su finalización. Presta mucha atención a las fechas de entrega presentadas y elimina cualquier propuesta que vaya más allá de la fecha de finalización deseada.

Estas pocas reglas te permitirán reducir un gran grupo de candidatos. Repite este proceso tantas veces como sea necesario hasta quedarte con un máximo de 5 candidatos. Una vez que tengas esos 3 o 5 freelancers calificados, puedes seguir adelante con la selección del candidato más calificado para completar tu proyecto.

Calificaciones De Comentarios Anteriores

Para cada pujador restante, haz clic en sus calificaciones de comentarios y examina el trabajo que ha completado en el sitio web de contratación.

Lee primero los comentarios negativos que pueda haber para saber si se trata de algo que lo descalifica para ti.

Trata de centrarte en los que tienen una mejor valoración, pero ten en cuenta que esto no significa que el freelancer tenga experiencia trabajando en proyectos similares a los tuyos. Elimina a cualquier persona que no tenga experiencia laboral relacionada.

Empresas vs Individuos

Presta mucha atención al idioma de la oferta. Si la propuesta incluye palabras como "nosotros" o "nos", entonces es una buena señal de que están representando a una empresa.

Si bien no tienes que eliminar empresas y agencias automáticamente, debes tener cuidado al analizar su historial laboral para asegurarte de que valga la pena el aumento en el coste que supone contratar a una empresa.

Personalización

Muchas de las ofertas que recibas serán una respuesta del tipo "cortar y pegar" que muestra que la descripción del proyecto no se leyó a fondo. Si bien el postor puede haber incluido la frase clave, lo hace en una respuesta genérica que carece de personalidad y conexión.

Mientras revisas las ofertas, busca freelancers que parezcan estar realmente interesados en trabajar en el proyecto. Busca freelancers que incluyan comentarios sobre cómo están calificados de manera única para trabajar en tu proyecto y que puedan relacionar partes de tu descripción con algo que hayan hecho en el pasado.

Ejemplos De Proyectos

Siempre mira los ejemplos de trabajo que el freelancer adjunta a su oferta. Esto puede ser un enlace a un artículo que ha escrito, una aplicación, una imagen o un sitio web que diseñó. También obtendrás freelancers que adjuntan muestras de su historial laboral directamente a su oferta. Examina cuidadosamente estos ejemplos para ver cómo se comparan con tus expectativas.

Paso 5. Elige Al Freelancer Más Cualificado

Aquí es donde tomarás tu decisión final y contratarás a un profesional independiente cualificado para que te ayude a completar tu proyecto. Cada uno de los candidatos que hayas seleccionado debe estar completamente calificado para trabajar en tu proyecto. Ahora tienes que determinar qué persona es la adecuada para la tarea en particular.

Aquí hay cuatro cosas que puedes hacer para seguir adelante con la toma de una decisión final para seleccionar un profesional independiente para el proyecto.

Crea Una Tarea de Prueba

La puntualidad y la atención al detalle son cruciales para el éxito de tus proyectos. Por tanto, evaluar esta característica en los candidatos es de suma importancia.

Para probarlos, puedes pedirles que completen una tarea simple, que no debería tomar más de unos minutos para completar, para ver si están atentos a tu proyecto y qué tan rápido y con precisión lo logran. Aquí hay algunas ideas que puedes usar:

1. Hazles una pregunta sobre su oferta
2. Pídeles que confirmen el precio de la oferta
3. Pídeles que firmen un acuerdo de confidencialidad
4. Pídeles que te proporcionen otra muestra de su trabajo

Dales un par de días para que respondan. Si un candidato te da excusas o tarda demasiado en completar la tarea, es un buen indicador de que obtendrás el mismo tipo de servicio en tu proyecto.

Consulta Referencias

La mayoría de los freelancers que has preseleccionado tendrán referencias de trabajos anteriores que hayan completado. Ponte en contacto con estos antiguos clientes y habla con ellos sobre el desempeño laboral del candidato, el nivel de calidad, comunicación, puntualidad y actitud hacia el proyecto.

No tengas miedo de probar. Esta persona es alguien que tiene el potencial de convertirse en una parte crucial de tu negocio, por lo que tiene sentido tratar de obtener la mayor cantidad de información posible sobre ellos.

Seguir estos cuatro elementos de acción debería ayudarte a encontrar el candidato que se ajuste perfectamente a tu proyecto.

Sin embargo, también tienes que confiar en tus instintos. Si uno de los freelancers sientes que es una mejor opción que los demás, contrátalo; a veces, nuestro subconsciente es capaz de detectar aspectos que no vemos de forma consciente.

Después de tomar la decisión final, crea un contrato y empieza a trabajar con el profesional independiente para completar la tarea requerida.

Pruébalos Con Un Proyecto Pequeño

Si tu proyecto es complicado, es posible que desees considerar probar a cada candidato con un pequeño proyecto remunerado.

La mejor manera de determinar las capacidades de cada candidato es darle a cada uno una tarea similar y ver qué se les ocurre.

Si bien este paso te costará un pequeño importe, es una excelente manera de probar el nivel real de experiencia de cada candidato.

Buscar Interés En El Proyecto

Mientras esperas que cada candidato devuelva el pequeño proyecto que le asignaste, tómate un tiempo para mirar cada una de sus carteras para ver si muestran algún interés en el mercado.

Ayuda trabajar con alguien apasionado por el tipo de proyecto que estás ofreciendo, aunque de ninguna manera es un requisito obligatorio.

El freelancer que elijas trabajará un poco más duro y estará más ansioso por hacer un excelente trabajo en el proyecto si tiene algún otro interés en el mercado.

Apóyate en estas pautas para elegir a los mejores candidatos para tus necesidades de externalización empresarial. Encontrar freelancers calificados te ayudará a construir un negocio exitoso que esté completamente sistematizado.

Cómo Escalar Tu Negocio

Ahora que tu negocio está estructurado correctamente y tienes a las personas adecuadas para manejar las funciones esenciales, ha llegado el momento de que comiences a escalar tu negocio.

Tener una operativa bien estructurada te proporcionará el lujo de usar tus propias habilidades para hacer crecer el negocio en cualquier área en la que seas un experto.

A diferencia de muchos otros propietarios de pequeñas empresas, tú tienes una clara ventaja: tienes un sistema confiable que te ha liberado de tener que lidiar personalmente con cada una de las tareas. Esto te permite concentrar tus esfuerzos en utilizar tus talentos específicos para hacer crecer tu negocio.

Conciliar la vida personal y profesional no es una tarea fácil cuando eres propietario de un negocio. Pensar en ponerse a escalar el negocio, una vez que lo tienes funcionando, puede parecer una tarea abrumadora.

Al principio, puede resultar difícil encontrar el tiempo para ello, sin embargo, la siguiente información puede ayudarte a abordar el proceso de forma sencilla. De hecho, una buena parte del secreto de escalar un negocio es prepararse y organizarse antes de empezar.

Crea El Plan Estratégico Correcto

Tu plan estratégico actúa como una hoja de ruta que orienta el enfoque de tu empresa hacia las actividades más relevantes y efectivas, permitiéndote destacar en tu nicho de mercado y alcanzar un crecimiento significativo.

El plan estratégico no solo proporciona una perspectiva amplia del panorama general, sino que también ayuda a priorizar y asignar recursos de manera eficiente para obtener ventajas competitivas. Además, alinea a tu equipo con los objetivos generales, permitiéndoles administrar mejor sus responsabilidades y contribuir más efectivamente a las necesidades de la empresa.

A la hora de crear tu plan estratégico, es fundamental abordar tres preguntas clave:

- ¿Cuál es la razón de ser de tu empresa en el mercado? Esta cuestión es esencial para comprender el propósito fundamental de tu negocio.
- ¿Qué implicaciones tiene esto para ti y tu equipo?

El proceso de creación de un plan estratégico no es estático, sino que evoluciona continuamente a medida que aprendes, refinando y rediseñando tu negocio. Es crucial revisar el plan trimestralmente, estableciendo tus tres prioridades estratégicas para el próximo trimestre y detallando un plan de acción conciso en una página. Este enfoque garantiza un crecimiento y desarrollo continuos de tu negocio.

Este proceso se revela efectivo debido a su capacidad para examinar el negocio cada tres meses y sumergir al equipo en la ejecución de objetivos clave. Los sprints de 90 días recompensan a tu empresa con beneficios significativos al permitirte adaptarte a las demandas cambiantes del mercado de manera regular y efectiva.

Mide La Efectividad Con La Contabilidad

Medir la efectividad de tu empresa es esencial para su éxito y los sistemas sólidos tienen el poder de impulsar la eficiencia en todos los aspectos. Tanto tú como tus empleados pueden lograr metas y satisfacer las necesidades de los clientes de manera constante. Aquí es donde la contabilidad entra en juego como el sistema principal que evalúa la efectividad de los procesos comerciales.

La contabilidad se convierte en el centro de operaciones, procesando datos cruciales y brindando información estratégica. Esta información es vital para impulsar el crecimiento y la rentabilidad de tu negocio.

A menudo, las pequeñas empresas solo ven la contabilidad como un medio para pagar cuentas, conciliar transacciones bancarias, emitir facturas y preparar declaraciones de impuestos. Sin embargo, la contabilidad es un vehículo perfecto para recopilar inteligencia empresarial.

La contabilidad desvela las fortalezas y debilidades de tu empresa, identificando errores pasados y oportunidades de mejora. Los sistemas contables convierten datos complejos en información útil y directa, proporcionando soluciones para los desafíos que enfrentas. También sentará las bases para decisiones empresariales cruciales.

Crear un negocio exitoso requiere disciplina y un enfoque sistemático. Para entender tu posición actual, tus metas futuras y cómo alcanzarlas, necesitas sistemas de información y estrategias financieras sólidas. Un manejo y crecimiento adecuados pueden llevar a la rentabilidad y satisfacción de las partes interesadas, generando independencia económica y personal.

Cada empresa tiene "números clave" que impulsan su éxito financiero. Identificar estos números es fundamental para escalar tu negocio. Tu enfoque en estos indicadores críticos marcará la diferencia en tu capacidad para lograr el éxito y la expansión empresarial. En resumen, el uso eficiente de la contabilidad y los sistemas estratégicos es fundamental para el crecimiento y la prosperidad de tu negocio.

Enfócate En Marketing Y Ventas

La generación de leads es un componente fundamental para cualquier empresa. Sin clientes potenciales, las ventas son imposibles, y sin ventas, el negocio no puede existir. Esta relación es directa y crucial. Para lograr un crecimiento sostenible, la transición de un enfoque de crecimiento personal a uno basado en sistemas, equipos y controles establecidos es esencial.

Las ventas engloban todas las acciones para maximizar la utilidad de tus ofertas y cerrar oportunidades. Estas ofertas pueden entregarse de diversas formas, desde centros de llamadas hasta representantes capacitados, y desde cartas de ventas hasta sitios web interactivos. El esfuerzo de ventas y marketing es el motor que identifica a los clientes, impulsa ventas e incrementa los ingresos.

A menudo, los propietarios de pequeñas empresas se centran en ventas y marketing por necesidad más que por elección. La intimidación ante la idea de vender es común, pero para prosperar, se requiere una dedicación considerable a generar ventas rentables. Esta prioridad es vital para el éxito y la supervivencia del negocio.

Al iniciar una empresa, el enfoque está en garantizar ventas, lo que suele implicar la interacción personal con los clientes y el cierre de tratos. A medida que el negocio crece, se torna crucial crear sistemas de ventas repetibles y escalables que no dependan exclusivamente de la participación del propietario. Esto puede involucrar la implementación de sistemas publicitarios que generen leads, la capacitación de nuevos representantes de ventas o la contratación de un gerente de ventas y marketing para liderar estas áreas.

Para establecer un departamento de ventas y marketing autónomo (que funcione sin ti) es fundamental incluir los siguientes sistemas en tu estrategia de crecimiento:

1. **Sistemas de Generación de Leads**: Implementa sistemas que puedan generar de manera constante el volumen de leads necesario para impulsar las ventas.
2. **Sistemas de Conversión de Leads**: Desarrolla sistemas que conviertan de manera consistente los leads en clientes de pago.
3. **Sistemas de Seguimiento e Informes**: Establece sistemas que permitan medir la eficacia de tus esfuerzos de marketing y ventas. Esto te proporcionará datos para optimizar tu sistema de ventas a lo largo del tiempo.

Evaluar tus resultados es esencial para el proceso de escalabilidad. Puedes lograrlo mediante hojas de cálculo sencillas que analicen qué estrategias funcionan y cuáles no. Con los datos numéricos recopilados, podrás identificar los generadores más efectivos de leads, los conversores de leads más eficientes y los revendedores más exitosos entre tus clientes actuales. Esto te permitirá invertir de manera inteligente en ampliar estos esfuerzos.

El primer paso para superar los obstáculos en la escalabilidad de tus esfuerzos de ventas y marketing es identificar las debilidades más costosas en la generación de leads de tu empresa.

La siguiente lista de verificación puede ayudarte a evaluar los desafíos de generación de leads de tu empresa.

Marca las casillas que correspondan a los desafíos que enfrenta tu negocio actualmente. Si seleccionas más de tres desafíos, revisa la lista nuevamente y destaca con un círculo el problema más crítico que está afectando a tu negocio. Este será el foco inicial para abordar y mejorar.

☐ No tienes suficientes clientes potenciales para vender, o la generación de clientes potenciales es errática, y carece de un flujo constante en el que confiar.

☐ Careces de un sistema organizado y efectivo para gestionar y mantener los clientes potenciales.

☐ No dispones de un sistema estructurado de calificación de clientes potenciales.

☐ No llevas un seguimiento sistemático de sus iniciativas de generación de leads.

☐ Careces de un sistema eficiente para la generación de clientes potenciales.

☐ Tus procesos actuales de generación de leads no son escalables.

☐ El coste por cliente potencial actual es excesivamente alto.

☐ La calidad de los leads generados es deficiente.

☐ Posees numerosas ideas para la generación de leads, pero lucha por implementarlas de manera efectiva.

☐ Tu estrategia de marketing depende demasiado de ti.

Cinco Pasos Para Construir Un Sistema Básico De Generación De Leads

No es suficiente que aprendas nuevas tácticas para generar clientes potenciales y cerrar ventas. Necesita construir los sistemas que te ayuden a realizar estas tareas.

No basta con adquirir nuevas tácticas para generar clientes potenciales y cerrar ventas; es esencial construir sistemas que respalden estas actividades.

El problema de operar con sistemas informales en tu negocio radica en que expones a tu empresa a la vulnerabilidad. En caso de enfermedad o ausencia, no habrá una persona capacitada para llevar a cabo los procesos esenciales que residen únicamente en tu mente. Los sistemas informales, enraizados en tu conocimiento y el de tus empleados clave, carecen de escalabilidad.

A continuación, te presento cinco pasos a seguir para establecer un sistema de generación de leads sólido que te permitirá escalar tu negocio.

#1. Determina Las Tácticas De Marketing En Las Que Centrarte Primero

Evalúa todas las tácticas de generación de leads que has empleado y selecciona la más importante. Esta será la táctica que priorizarás para tu sistematización inicial. En caso de duda sobre cuál es la más significativa, plantéate la pregunta:

Si solo pudiera implementar una estrategia para captar nuevos clientes potenciales, ¿cuál elegiría?

#2. Elaboración Del Proceso Para Implementar La Táctica

Usando notas adhesivas, escribe los pasos que deberás seguir para implementar esta táctica de marketing. Cada nota debe contener un único paso. Esta es una forma efectiva de documentar tu proceso porque libera tu mente para diseñar los pasos y editarlos a medida que avanzas.

Una vez que tengas el proceso para ejecutar la táctica de marketing, redáctalo en una receta sencilla y paso a paso.

#3. Crear un Panel de Control para Seguir la Táctica

En este paso, la clave reside en recopilar datos pertinentes y objetivos que te proporcionen información sobre el progreso de tus esfuerzos de marketing. Debes ser capaz de comparar diversas tácticas para tomar decisiones estratégicas y fundamentadas sobre la asignación de recursos financieros y temporales.

#4. Estructurar el Proceso

En esta fase, es crucial definir la manera óptima de estructurar el proceso. Esto asegurará que tu equipo y tu empresa sigan los pasos de forma uniforme para obtener los resultados deseados.

Debes considerar cuál es el formato más adecuado para presentar las etapas críticas del sistema y así asegurar su consistencia en la implementación.

#5. Ejecución, Seguimiento y Mejora Continua

Al prestar una atención meticulosa y monitorear los resultados de tus iniciativas de generación de leads, comenzarás a identificar oportunidades de mejora en tu sistema.

Tanto tú como tu equipo encontrareis constantemente formas de ajustar y perfeccionar tu sistema de generación de leads de referencia, con el objetivo de mantener la producción de leads de alta calidad y en aumento.

Implementa Controles De Marketing

Cuando se trata de tus estrategias de marketing, existen cuatro controles esenciales que deben implementarse para garantizar la correcta ejecución de pasos en el momento adecuado, con el fin de obtener los resultados deseados.

Estos controles aseguran que tus sistemas de marketing sigan operando de manera eficiente y generen leads de alta calidad para tu empresa.

Establece Un Calendario De Marketing

El primer paso para asegurar el funcionamiento fluido de los sistemas de ventas y marketing implementados es establecer un calendario de marketing. Dedica tiempo a planificar las campañas fundamentales de generación de leads para los próximos 90 días en un formato de calendario estándar. Posteriormente, incorpora las fechas límite para los pasos cruciales requeridos para ejecutar exitosamente cada campaña.

Un calendario de marketing representa un eficaz control visual que te permite mantenerte en línea con los pasos precursores necesarios para lograr el éxito en tus esfuerzos de generación de leads.

Crea Material De Marketing Estandarizado

Ya sea que estés desarrollando una plantilla de correo electrónico para enviar a todos los que se registren en tu sitio web, creando un folleto de ventas impactante para tus representantes de ventas o generando un documento técnico descargable desde tu sitio, contar con material de marketing estandarizado se convierte en un control efectivo para asegurarte de que tus prospectos reciban el mensaje de ventas más efectivo.

Este material de marketing no solo permite que tus prospectos se familiaricen con tus productos o servicios, sino que también se puede emplear para formar a los nuevos empleados para integrarse de manera productiva en tu equipo.

Comienza gradualmente y desarrolla tu material de marketing en fragmentos pequeños y manejables.

Desarrolla Un Cuadro De Indicadores De Marketing

Elabora un panel de control sencillo que te proporcione una visión general de alto nivel sobre los resultados de tus esfuerzos de marketing. Comienza por utilizar los siguientes tres indicadores clave:

1. **Coste por Cliente Potencial (CPL):** Mide el costo total de una campaña de marketing específica y divídelo entre el número total de clientes potenciales generados

durante un período determinado. Conocer el costo por cliente potencial te permite comparar la rentabilidad de diferentes tácticas de generación de leads.

2. **Coste Por Venta (CPS).** Calcula el costo total de una táctica de marketing particular y divídelo entre el número total de ventas generadas a partir de esa táctica.

3. **Retorno De La Inversión (ROI).** Esta métrica poderosa te permite equiparar diversas tácticas de marketing para identificar cuál ofrece el retorno de la inversión más significativo. Calcula el ROI dividiendo las ventas totales generadas a través de una táctica por el monto total gastado en dicha táctica.

Estos indicadores clave te proporcionarán información valiosa para evaluar la eficacia de tus estrategias de marketing y tomar decisiones informadas para optimizar tus esfuerzos.

Implementa Un Sistema De Gestión De Relaciones Con El Cliente (CRM)

El sistema de CRM es la herramienta central para organizar y gestionar los datos de tus clientes y prospectos, así como para administrar las relaciones a lo largo del tiempo. Cuando se emplea de manera adecuada, el CRM puede ser una pieza fundamental para asegurar que los clientes potenciales sean capturados y atendidos de manera eficiente y efectiva.

La implementación exitosa de un sistema CRM requiere una planificación cuidadosa y una comprensión clara de cómo se utilizará para optimizar las interacciones con los clientes. A continuación, se presentan los pasos esenciales para implementar un sistema CRM de manera efectiva:

#1 Definir Objetivos Claros: Identifica los objetivos específicos que esperas lograr con el sistema CRM. Estos podrían incluir mejorar la retención de clientes, aumentar las ventas cruzadas, facilitar el seguimiento de oportunidades de ventas, entre otros.

#2 Seleccionar la Plataforma Adecuada: Elije una plataforma de CRM que se adapte a las necesidades de tu negocio. Evalúa las características ofrecidas, la facilidad de uso y la capacidad de personalización. En el capítulo «Ecosistema de Aplicaciones» encontrarás la que yo te sugiero utilizar.

#3 Personalización y Configuración: Configura el CRM para que se ajuste a los procesos y flujos de trabajo de tu empresa. Configura campos, etiquetas y categorías relevantes para tu industria y tipo de negocio.

#4 Migración de Datos: Transfiere con precisión los datos existentes de los clientes y prospectos al sistema CRM. Asegúrate de que la información se importe sin errores y se ajuste correctamente a las categorías establecidas.

#5 Formación del Equipo: Proporciona capacitación a tu equipo sobre cómo utilizar eficazmente el sistema CRM. Asegúrate de que comprendan cómo ingresar, actualizar y gestionar la información de los clientes.

#6 Integraciones: Integra el sistema CRM con otras herramientas y plataformas que utiliza tu empresa, como correo electrónico, herramientas de automatización de marketing y aplicaciones de ventas.

#7 Establecer Procesos: Define los procesos internos para el seguimiento de clientes potenciales, el manejo de consultas y la gestión de oportunidades de ventas. Asegúrate de que todos los miembros del equipo sigan estos procesos de manera coherente.

#8 Seguimiento y Análisis: Utiliza las capacidades de seguimiento y análisis del CRM para evaluar la eficacia de tus esfuerzos de relación con el cliente. Identifica áreas de mejora y ajusta tus estrategias en consecuencia.

#9 Mantenimiento Continuo: Actualiza y mantén el sistema CRM regularmente para asegurarte de que esté funcionando de manera óptima. A medida que tu negocio evoluciona, es posible que necesites realizar ajustes en el sistema para reflejar los cambios en tu enfoque y objetivos.

#10 Monitoreo de Resultados: Evalúa periódicamente los resultados obtenidos a través del uso del CRM. Analiza si has logrado los objetivos establecidos y realiza mejoras según sea necesario.

La implementación exitosa de un sistema CRM puede mejorar significativamente la gestión de relaciones con los clientes y la eficiencia en las operaciones comerciales. Con una planificación adecuada y un enfoque estratégico, tu empresa puede aprovechar al máximo las ventajas que ofrece un sistema CRM bien implementado.

Contrata A Las Personas Adecuadas

Para impulsar el crecimiento de tu negocio, es esencial contar con un equipo de profesionales talentosos que impulsen y respalden su expansión. Ya sea que estés ampliando tu equipo de ventas para aumentar los ingresos o incorporando ingenieros para desarrollar nuevos productos, la clave fundamental para el éxito de tu empresa radica en su capacidad para atraer, contratar, integrar y capacitar a empleados altamente competentes.

El elemento crítico para mantener un ritmo acelerado de crecimiento en tu empresa es convertirla de manera sistemática en un entorno atractivo para el talento sobresaliente.

A continuación, se presentan algunas estrategias sencillas para lograrlo:

Cultiva una Cultura Atractiva.

Desarrolla una cultura empresarial que refleje valores sólidos y un ambiente colaborativo. Los empleados talentosos buscan un entorno donde se les reconozca, se les brinde oportunidades de crecimiento y se fomente la innovación.

Ofrece Desarrollo Profesional

Proporciona oportunidades para el crecimiento profesional y personal. Esto puede incluir programas de capacitación, mentoría y planes de desarrollo de carrera que demuestren tu compromiso con el crecimiento de tus empleados.

Promueve la Comunicación Abierta

Fomenta un ambiente donde se valore y se aliente la comunicación abierta. Esto incluye escuchar las ideas y sugerencias de los empleados, así como proporcionar retroalimentación constructiva.

Reconoce y Premia el Rendimiento

Establece un sistema de reconocimiento y recompensas que destaque el rendimiento excepcional. Los empleados talentosos se sienten motivados cuando se reconoce su trabajo y se les brinda incentivos para seguir destacando.

Promueve el Equilibrio entre el Trabajo y la Vida Personal

Reconoce la importancia del equilibrio entre el trabajo y la vida personal. Ofrece flexibilidad en horarios, opciones de trabajo remoto y beneficios que ayuden a los empleados a mantener una buena calidad de vida.

Brinda Oportunidades de Desafío

Diseña roles que ofrezcan desafíos significativos y oportunidades para el aprendizaje continuo. Los empleados talentosos buscan oportunidades donde puedan aplicar y mejorar sus habilidades.

Evalúa Constantemente la Satisfacción del Empleado

Realza encuestas periódicas de satisfacción del empleado para obtener información sobre su experiencia y áreas de mejora potencial.

Fomenta la Diversidad e Inclusión

Crea un entorno diverso e inclusivo donde todas las voces sean valoradas y respetadas. La diversidad de perspectivas puede impulsar la innovación y el rendimiento del equipo.

Muestra Transparencia y Honestidad

Fomenta la confianza al ser transparente en la comunicación y mantener una relación de confianza con tus empleados.

Define Y Perfila A Tu Empleado Ideal.

Tómate el tiempo para establecer un perfil del empleado perfecto de tu negocio. Si bien las calificaciones específicas variarán entre los puestos, puedes pensar en varios rasgos, creencias e impulsos comunes que deseas que abarquen los miembros de tu equipo.

Piensa en cómo puedes crear filtros simples en tu proceso de contratación para eliminar a cualquier candidato que no encaje en tu perfil.

Establece un Proceso de Selección Riguroso

Asegúrate de que tu proceso de contratación sea exhaustivo y esté enfocado en identificar a los candidatos que se alineen con la cultura y los valores de tu empresa.

Sé Selectivo Sobre A Quién Invitas A Tu Equipo.

El gran talento tiende a prosperar cuando trabaja con otras personas talentosas. Mantén tus estándares altos a medida que contratas y considera actualizar a los miembros débiles del equipo, ya que tienes la oportunidad y el flujo de efectivo para hacerlo.

Mira A La Persona En Su Totalidad Y Gestiónala Individualmente.

Si bien tu empresa debe tener políticas de recursos humanos estándares, aún puedes usar tu sentido común para aplicar esos estándares. El objetivo no es tratar a todos tus empleados de la misma manera, sino producir resultados sorprendentes al lograr que tu equipo rinda al máximo.

Elimina Rápidamente Al Personal De Bajo Rendimiento.

Si tienes un bajo rendimiento en tu equipo, es esencial que les proporciones orientación, entrenamiento y capacitación adecuados. Sin embargo, si después de un tiempo queda claro que hay quien no puede rendir al nivel de quienes los rodean, entonces tienes que eliminarlos rápida y decisivamente.

Al implementar estas estrategias, tu empresa se convertirá en un imán para el talento sobresaliente. Al cultivar un entorno que valora a sus empleados y fomenta su desarrollo, estarás estableciendo una base sólida para un crecimiento sostenible y exitoso en el futuro.

Hazlos Partícipes

Una vez que hayas identificado el talento adecuado, estás listo para involucrarlos en el proceso de generar ideas para el crecimiento y mejora de tu empresa.

Cada seis meses, solicita a cada miembro de tu equipo que realice una revisión exhaustiva de la empresa, departamento por departamento, y que aporte tres ideas clave para impulsar el crecimiento y la mejora del negocio.

Una vez recopiladas las propuestas, dedica tiempo a revisar los resultados. Selecciona las ideas más prometedoras y organiza una reunión de equipo para analizar y discutir los resultados. Permite que el equipo te ayude a elegir las ideas más viables para implementar de manera inmediata en la empresa.

Este proceso debe repetirse de manera periódica en el tiempo. Observa cómo tu empresa se beneficia y progresa con estas nuevas ideas, mientras tu equipo responde positivamente y evoluciona al ver tu compromiso en tomar en serio sus contribuciones e innovaciones.

Ecosistema de Aplicaciones

Si deseas construir un negocio exitoso que sea capaz de generar ventas constantes y predecibles, entonces necesitas desarrollar sistemas que permitan que tu negocio continúe funcionando incluso cuando no estés en la oficina.

Es normal que te sientas estresado por la abrumadora cantidad de tareas, correo electrónico, proyectos, clientes y marketing en redes sociales que abordas a diario. Sin embargo, existen varias herramientas pueden automatizar tus tareas y liberar tu tiempo.

De hecho, como propietario de una pequeña empresa, estás perdiendo aproximadamente del 10 al 15 por ciento de tu tiempo por no automatizar tareas simples como, por ejemplo, publicar en las cuentas de redes sociales de tu empresa.

La automatización empresarial tiene como objetivo mejorar el rendimiento de una empresa mediante la reducción de costes, el aumento de la precisión de los datos y la minimización de los retrasos. La mayoría de las funciones estándar de las pequeñas empresas se pueden manejar con soluciones de software. Una vez que automatices tus tareas principales, notarás que otros aspectos de tu negocio comenzarán a funcionar de manera más eficiente.

A continuación, te presento algunas de las mejores herramientas que puedes empezar a utilizar para sistematizar y automatizar tu negocio, liberando así tiempo para que puedas ser más productivo y concentrarte en tareas de más valor.

Actualmente, hay infinidad de aplicaciones en el mercado para resolver un mismo problema. La selección que he realizado está basada en los siguientes criterios:

1. Se trata de herramientas que uso en mis negocios, pues no puedo recomendar algo que desconozco o, al menos, no sería ético ni honesto.

2. Todas ellas tienen una gran reputación en el mercado y son ampliamente usadas.

3. Disponen de una versión o plan gratuito para probar la herramienta o incluso empezar, sin tener que asumir costes, algo imprescindible cuando estás arrancando un negocio con escasos recursos financieros.

4. Se escalan con tu negocio de manera que no deberás cambiar de herramientas según vayas creciendo.

5. Tienen altos niveles de integración, por lo que se facilita la creación de un ecosistema que no requiere de infraestructura propia.

6. Están disponibles en la nube, lo que te permite acceder a ellas desde cualquier lugar, en cualquier momento, brindándote movilidad.

7. Proporcionan recursos de aprendizaje y documentación, así como soporte técnico para ayudarte a aprovechar al máximo la plataforma.

8. La mayoría de ellas utilizan la inteligencia artificial para ayudarte a multiplicar tu productividad y simplificar los procesos.

9. En la medida de lo posible, están disponibles en español.

He tratado de crear un ecosistema de aplicaciones que cubra la mayor parte de las necesidades de emprendedores y pymes. Eso no significa que tengas que adquirir todas las herramientas que enumero, ni que estén todas las necesarias. Simplemente es una recopilación de buenas herramientas que pueden serte de utilidad. Mi objetivo es simplificarte el proceso de búsqueda y selección de aplicaciones que te libere del estrés de tener que estar al día de todos los avances tecnológicos.

Dicho esto, veamos de que herramientas se trata.

Acronis Backup

Acronis Backup es una solución de copias de seguridad en la nube que permite resolver de forma definitiva la problemática de las copias de seguridad de tu empresa o de tu equipo personal.

Cloud Backup es un servicio que trabaja con la tecnología de Acronis, expertos en ciberprotección desde 2003. Acronis ofrece una seguridad informática excepcional para mantener todos tus dispositivos informáticos y datos digitales seguros y libres de virus informáticos y ciberataques. Garantiza la continuidad de la actividad empresarial con una solución bajo demanda que restaura los datos rápidamente en cualquier lugar, sean del tipo que sean.

Acronis Backup es ideal porque te permite tener una solución de copias de seguridad en la nube a un precio asequible. Además, Acronis Backup es fácil de usar y ofrece una amplia gama de características para satisfacer las necesidades específicas de cada empresa. Con Acronis Backup, puedes estar tranquilo de que sus datos están seguros y protegidos en todo momento.

Acronis Cyber Protect Home Office es el producto de seguridad personal nº 1 del mundo que ha demostrado ser la más fácil y rápida de utilizar. Está disponible a un precio muy asequible y dispone de 30 días de prueba gratis.

Acronis Cyber Backup es la mejor copia de seguridad para empresas de todos los tamaños, que ofrece protección para más de 20 plataformas y con precios muy escalables y asequibles.

Asana

Asana es una **plataforma de gestión de proyectos** y tareas que ayuda a los equipos a colaborar y coordinar el trabajo, de principio a fin.

Es líder en software de gestión colaborativa de proyectos para equipos, independientemente de su tamaño o ubicación. Te ayuda a ti, a tus equipos y a las partes interesadas a colaborar de forma más rápida y fluida para lograr los objetivos comerciales.

Asana es ideal para emprendedores y pymes porque les permite tener una solución de gestión de proyectos y tareas a un precio asequible. Además, es fácil de usar y ofrece una amplia gama de características para satisfacer las necesidades específicas de cada empresa. Con Asana, puedes estar seguro de que tus proyectos y tareas están organizados y coordinadas en todo momento.

Se integra con muchas de las aplicaciones que conocerás en esta sección y puedes empezar con la versión gratuita.

Puedes utilizarla en versión web, escritorio o app para smartphone, lo que te permite disponer de la información en cualquier lugar y momento.

En mi caso, la utilizo para los proyectos en los que necesito colaborar con personal externo.

Avaza

Avaza es un **software de gestión empresarial** en la nube que abarca varias funciones, como gestión de proyectos, imputación y seguimiento de horas, facturación, presupuestos, gastos y colaboración en equipo.

Estas son algunas de las cuestiones que me enamoran de Avaza y que hacen que gestione todos mis negocios con ella:

Todo en uno: Avaza ofrece una plataforma integral que combina múltiples aspectos de la gestión empresarial, como la administración de proyectos, seguimiento del tiempo, presupuesto, facturación y gastos. Esto puede ser muy conveniente para pequeñas empresas que desean centralizar sus operaciones en una sola herramienta.

Asequibilidad: La plataforma es asequible en comparación con otras soluciones empresariales integrales. Esto es una ventaja atractiva para emprendedores y empresas con presupuestos limitados que buscan una solución completa sin incurrir en gastos excesivos. También dispone de una versión gratuita para empezar a probar el sistema.

Elaboración de Presupuestos: Puedes crear presupuestos detallados para proyectos o servicios específicos, agregar líneas de ítems, descripciones y costos estimados para cada elemento del presupuesto. Avaza dispone de un portal del cliente que te ofrece la opción de compartir los presupuestos con los clientes para que los revisen y aprueben. Una vez aprobado un presupuesto, puedes convertirlo en proyecto o directamente en factura.

Gestión de proyectos: Avaza te permite crear y administrar proyectos, asignar tareas, hacer un seguimiento del progreso y colaborar en equipo. Esto es especialmente valioso si necesitas mantener un control cercano sobre tus proyectos sin una curva de aprendizaje complicada.

Facturación, gastos y seguimiento del tiempo: La capacidad de rastrear el tiempo dedicado a proyectos y convertirlo en facturas precisas es esencial para la facturación y la gestión de ingresos. Avaza ofrece estas características, lo que facilita el proceso de facturación y ayuda a las empresas a obtener ingresos de manera eficiente. También dispone de una app para la captura y gestión de los tickets de gastos, pudiéndolos imputarlos a los proyectos

Colaboración en equipo: Las herramientas de colaboración integradas, como la comunicación en tiempo real y el intercambio de archivos, pueden mejorar la eficiencia y la comunicación dentro de equipos pequeños. Esto es esencial para empresas con un número limitado de empleados.

Personalización y escalabilidad: A medida que una empresa crece, Avaza puede adaptarse a sus necesidades cambiantes. Puedes personalizar los presupuestos y las facturas para que se ajusten a tu imagen de marca.

Acceso en la nube: La naturaleza basada en la nube de Avaza significa que podrás acceder a la plataforma desde cualquier lugar con una conexión a Internet, permitiéndote trabajar de manera remota o en movimiento.

Informes y análisis: Esta es una de las características que me enamoró de Avaza y que me hizo seleccionarla frente a otros competidores. La plataforma proporciona informes y análisis relacionados con toda la información de tu cuenta, lo que permite evaluar el rendimiento de tu negocio desde diferentes perspectivas. Puedes personalizar los informes e, incluso, puedes crear los tuyos propios sin necesidad de programar.

Bajo mi criterio, Avaza es la solución estrella para la gestión de negocios de basados en proyectos.

Brevo

Brevo es la **plataforma integral para crear relaciones con clientes (CRM)** a través de email, SMS, chat y mucho más. Es el kit completo para convertir visitantes en clientes fieles a tu marca.

Plataforma de Ventas. Con la información actualizada en un solo lugar, es más sencillo hacer un seguimiento de tus clientes potenciales y aumentar tus ingresos. Incluye:

- **Seguimiento de negociaciones**. No te pierdas nada, gracias a una visión clara de las operaciones abiertas de tus proyectos.
- **Gestión del pipeline de ventas**. Personaliza tu pipeline. Crea y haz un seguimiento de las oportunidades en cada fase.
- **Automatización**. Gana tiempo. Automatiza las tareas repetitivas de tu proceso de venta.
- **Meetings**. Permite a tus clientes agendar reuniones y organiza videollamadas fácilmente.
- **Comparte bandeja de entrada**. Mantén tu equipo sincronizado con bandejas de entrada, tareas y notas compartidas.
- **Conoce a tus clientes**. Revisa conversaciones anteriores para ver exactamente qué funcionó y qué no.

Plataforma de Marketing. Transforma tus campañas en oportunidades con herramientas de marketing intuitivas y fáciles de usar.

- **Email marketing**. Llega a la bandeja de entrada de tus clientes con campañas de email con un diseño atractivo.
- **SMS marketing**. Envía mensajes específicos que lleguen directamente a tus clientes.
- **Campañas de WhatsApp**. Usa la aplicación de mensajería más popular del mundo para llegar a tu público.
- **Landing pages**. Convierte visitantes de tu web en clientes con páginas de destino específicas.
- **Facebook Ads**. Diferénciate en el feed de noticias con anuncios personalizados para públicos específicos.

- **Formularios de suscripción**. Aumenta tu lista contactos con formularios de registro sencillos y personalizados.

Conversaciones. Conversa con clientes a través de herramientas de chat personalizadas como WhatsApp, Instagram o un chat en vivo desde tu página web.

- **Chat en vivo**. Ayuda a tus clientes con un chat personalizado en la página web de tu empresa.
- **Chatbot**. Automatiza preguntas frecuentes y obtén datos útiles de clientes potenciales.
- **Comparte bandeja de entrada**. Da seguimiento a todas tus conversaciones por email, WhatsApp, chat en vivo o DM desde un solo lugar.
- **Campañas de WhatsApp**. Envía mensajes masivos de WhatsApp y responde a los destinatarios de forma directa.
- **Teléfono**. Haz y recibe llamadas, consulta datos de contacto, registro de llamadas y mucho más.
- **Información de usuario**. Inicia conversaciones o envía mensajes automáticos en función de los datos de tus visitas.

Email Transaccional. Envía millones de correos electrónicos transaccionales y notificaciones de forma instantánea, fiable y precisa.

- **API de email**. Envía emails de A a B sin demora. Nuestra API garantiza una tasa de entrega del 99%.
- **Personalización**. Personaliza tus plantillas transaccionales con nombres, precios y productos.

- **Configuración rápida**. Guías para desarrolladores, SDK y bibliotecas de API y fórmulas de código a tu disposición.
- **Integración de CMS sencilla**. Ya sea un servidor SMTP, webhook o plugin: integra Brevo con herramientas CMS.
- **Inbound parsing gratuito**. Un software que permite que cada email sea conversación bidireccional.
- **Precios a tu medida**. Brevo ofrece paquetes de créditos de emails. Elige el volumen de envíos que te interesa.

Si lugar a dudas, esta es una herramienta muy potente para tu negocio, que no puedes dejar pasar. A mí me enamoró desde el primer momento, hace ya unos años, y sigo con ella.

Tienes un plan gratuito muy potente para probar la aplicación. ¿Te lo vas a perder?

Canva

Canva es una plataforma en línea que permite a las personas **crear diseños gráficos** de manera sencilla y profesional, sin la necesidad de tener experiencia en diseño gráfico.

Estas son algunas de las características que la han convertido en una aplicación de éxito:

Facilidad de uso: Canva se destaca por su interfaz amigable e intuitiva que permite a los usuarios crear diseños atractivos sin necesidad de conocimientos avanzados de diseño. Esto es especialmente beneficioso para aquellos sin experiencia técnica.

Diversidad de diseños: Canva ofrece una amplia gama de plantillas prediseñadas para diferentes tipos de contenido, como logotipos, tarjetas de presentación, publicaciones en redes sociales, pósters y más. Esto ahorra tiempo y facilita la creación de diseños profesionales.

Personalización: A pesar de su simplicidad, Canva permite una amplia personalización. Los usuarios pueden editar plantillas, cambiar colores, fuentes y agregar sus propios elementos gráficos para adaptar los diseños a su marca.

Recursos visuales: Canva proporciona una biblioteca extensa de elementos gráficos, como imágenes, íconos, ilustraciones y fondos, que los usuarios pueden utilizar en sus diseños sin tener que buscar recursos externos.

Colaboración: La plataforma permite la colaboración en equipo, lo que es valioso para microempresas y Pymes que pueden tener varios miembros trabajando en proyectos de diseño. Los usuarios pueden compartir proyectos y trabajar en ellos en tiempo real.

Costo asequible: Aunque Canva ofrece una versión gratuita con muchas características útiles, también tiene una suscripción premium que proporciona acceso a funciones adicionales y una mayor variedad de recursos.

Variedad de formatos: Canva permite crear diseños para varios formatos, incluidos los medios digitales (publicaciones en redes sociales, banners web) y los impresos (tarjetas de presentación, folletos). Esto es útil para empresas que necesitan generar contenido visual en diferentes plataformas.

Herramientas de diseño profesional: Aunque Canva es amigable para principiantes, también ofrece herramientas más avanzadas, como opciones de alineación, ajuste de capas y edición de imágenes. Esto satisface las necesidades de pequeños empresarios que desean un mayor control sobre sus diseños.

Herramientas de Inteligencia Artificial: Canva ofrece una amplia gama de herramientas de inteligencia artificial (IA) para mejorar el flujo de trabajo de diseño. Algunas de las herramientas de IA más populares de Canva son las siguientes:

- **Texto to Imagen**: Esta herramienta utiliza la IA para generar imágenes a partir de texto natural. Es una forma rápida y fácil de crear imágenes personalizadas para tus diseños.
- **Borrador Mágico**: Esta herramienta utiliza la IA para eliminar objetos no deseados de tus imágenes. Es una forma rápida y fácil de retocar tus fotos.
- **Edición Mágica**: Esta herramienta utiliza la IA para mejorar automáticamente tus fotos. Puede ajustar el brillo, el contraste, la saturación y otros aspectos de tus fotos para que se vean mejor.
- **Escritura Mágica**: Esta herramienta utiliza la IA para sugerir palabras y frases que puedes utilizar en tus diseños. Es una forma rápida y fácil de crear contenido atractivo.
- **Diseño Mágico**: Esta herramienta utiliza la IA para sugerir diseños personalizados basados en tus preferencias. Es una forma rápida y fácil de crear diseños atractivos sin tener que empezar desde cero.
- **Presentaciones**: Esta herramienta utiliza la IA para crear presentaciones personalizadas basadas en tus preferencias. Es una forma rápida y fácil de crear presentaciones atractivas sin tener que empezar desde cero.

- **Beat Sync**: Esta herramienta utiliza la IA para sincronizar automáticamente tu música con tus diseños. Es una forma rápida y fácil de crear contenido multimedia atractivo.
- **Traductor**: Esta herramienta utiliza la IA para traducir automáticamente tus diseños a otros idiomas. Es una forma rápida y fácil de llegar a una audiencia global.

En resumen, Canva es una herramienta recomendable para emprendedores y pymes debido a su facilidad de uso, su capacidad para crear diseños atractivos y profesionales sin experiencia en diseño, su amplia variedad de plantillas y recursos visuales, y su enfoque en la personalización y la colaboración. Sin embargo, ten en cuenta que la información podría haber cambiado después de mi última actualización, así que te recomiendo visitar el sitio web oficial de Canva para obtener la información más actualizada sobre sus características y beneficios.

No te engaño si te digo que la tengo siempre abierta. Desde que empecé a usarla hace años, se ha vuelto un imprescindible en mi trabajo.

Calendly

Calendly es una **plataforma de programación de reuniones** en línea que te permite programar reuniones y citas sin tener que enviar correos electrónicos de ida y vuelta. Es una solución ideal para pequeños empresarios porque les permite tener una solución de programación de reuniones a un precio asequible, disponiendo de un plan gratuito.

Estas son algunas de sus características:

Facilita la programación: Calendly elimina el proceso de intercambio de correos electrónicos para encontrar un horario conveniente para las reuniones. Los usuarios pueden compartir un enlace personalizado que muestra sus horarios disponibles y permite a los invitados seleccionar una fecha y hora que funcione para ambos.

Ahorro de tiempo: Para pymes que tienen que lidiar con múltiples tareas y responsabilidades, Calendly ahorra tiempo al automatizar el proceso de programación. Esto evita las idas y venidas de correos electrónicos y reduce la posibilidad de malentendidos.

Flexibilidad de horarios: Los usuarios pueden personalizar los horarios disponibles en Calendly según sus preferencias. Esto es útil para adaptarse a diferentes zonas horarias, horarios laborales y días libres.

Integración de calendario: Calendly se integra con calendarios populares como Google Calendar, Outlook y otros, lo que evita la programación de citas en momentos en que ya se tienen compromisos.

Recordatorios automáticos: La plataforma generalmente envía recordatorios automáticos a los participantes antes de la reunión, lo que reduce las tasas de cancelación y ayuda a garantizar que todos estén en la misma página.

Personalización de la marca: Calendly permite a los usuarios personalizar su página de programación con la marca de su empresa, lo que da una impresión profesional y coherente.

Seguimiento de métricas: Para aquellos que deseen medir la eficacia de sus reuniones, Calendly generalmente proporciona métricas, como la tasa de aceptación de citas y el tiempo promedio de reserva.

Versatilidad de uso: Calendly puede ser utilizado por diferentes tipos de negocios, desde consultores independientes hasta pequeñas empresas y emprendedores, lo que lo hace adaptable a varias necesidades.

En resumen, Calendly es una herramienta valiosa para emprendedores y pymes debido a su capacidad para simplificar y automatizar la programación de citas y reuniones. Al ahorrar tiempo y mejorar la eficiencia, Calendly puede mejorar la productividad y permitir a los negocios concentrarse en actividades más importantes.

Un apunte quiero hacer: si usas Brevo, la opción Meetings es muy similar a Calendly por lo que esta última se justificaría en el caso que desees ponerla a disposición de personal que no tiene acceso a Brevo.

ChatGPT

ChatGPT es una herramienta de comunicación gratuita del equipo OpenAI. Básicamente, se trata de un software de chat basado en navegador que utiliza el aprendizaje profundo para generar cadenas de texto en respuesta a una consulta del usuario. ChatGPT es capaz de responder preguntas generales y técnicas, proporcionar inspiración creativa y enseñar algo nuevo1.

ChatGPT es una solución ideal para emprendedores, y pymes porque les permite tener una solución de chatbot a un precio asequible. Además, ChatGPT es fácil de usar y ofrece una amplia gama de características para satisfacer las necesidades específicas de cada empresa. Con ChatGPT, puede estar seguro de que sus preguntas son respondidas rápidamente y con precisión.

Estas son algunas de las razones por las que deberías integrar ChatGPT en tu negocio:

Automatización de atención al cliente: ChatGPT puede ser empleado para automatizar y mejorar la atención al cliente. Puedes usarlo para responder preguntas frecuentes, resolver consultas comunes y brindar asistencia básica a cualquier hora del día.

Ahorro de tiempo y recursos: Para emprendedores y pequeñas empresas que pueden tener un equipo de atención al cliente limitado, ChatGPT puede ayudar a liberar tiempo y recursos al manejar tareas repetitivas y simples.

Atención al cliente 24/7: ChatGPT puede estar disponible en línea las 24 horas del día, los 7 días de la semana, lo que permite a los clientes obtener respuestas y asistencia incluso fuera del horario laboral.

Interacción personalizada: ChatGPT puede ser entrenado para adaptarse a la jerga y el tono específico de una empresa, lo que brinda una experiencia de atención al cliente más personalizada y alineada con la marca.

Generación de contenido: ChatGPT también puede ayudar a generar contenido para sitios web, blogs y redes sociales, lo que puede ser útil para mantener una presencia en línea constante y relevante.

Agilidad en respuestas: ChatGPT puede proporcionar respuestas rápidas y consistentes a las consultas de los clientes, lo que puede mejorar la satisfacción del cliente al brindar información oportuna.

Versatilidad de uso: ChatGPT puede ser utilizado para una variedad de aplicaciones, como responder preguntas, proporcionar recomendaciones, generar contenido y más, lo que lo hace adaptable a las necesidades cambiantes de los negocios.

Costo efectivo: Dependiendo de cómo se implemente, ChatGPT podría ser una opción más asequible en comparación con contratar y entrenar personal adicional para tareas de atención al cliente.

Sin embargo, es importante tener en cuenta que, aunque ChatGPT puede ser una herramienta útil, no puede reemplazar por completo la interacción humana en ciertos casos. Para problemas más complejos o sensibles, aún puede ser necesario contar con personal de atención al cliente capacitado.

GitLab

GitLab es una plataforma integral de gestión del ciclo de vida del desarrollo de software que ofrece una variedad de herramientas y características para ayudar a equipos de desarrollo a colaborar, gestionar proyectos y administrar el código fuente de manera eficiente.

Si en tu negocio se desarrolla software, sin duda no debes prescindir de esta herramienta y te explico por qué:

Control de versiones: GitLab se basa en el sistema de control de versiones Git, lo que permite a los equipos de desarrollo gestionar y realizar un seguimiento de las diferentes versiones de su código fuente. Esto es esencial para asegurar un desarrollo de software organizado y colaborativo.

Repositorios de código fuente: Proporciona repositorios de código fuente en línea donde los equipos pueden almacenar, colaborar y realizar un seguimiento de los cambios en el código de su proyecto.

Gestión de proyectos: GitLab ofrece herramientas de gestión de proyectos que permiten a los equipos crear tableros de tareas, asignar tareas, establecer hitos y realizar un seguimiento del progreso del proyecto.

Integración y entrega continuas (CI/CD): Facilita la configuración de pipelines de CI/CD para automatizar pruebas, compilaciones y entregas, lo que ayuda a mantener la calidad del código y agilizar el proceso de implementación.

Seguridad del código fuente: Incluye herramientas de seguridad integradas que ayudan a identificar y solucionar vulnerabilidades de seguridad en el código fuente.

Colaboración en equipo: GitLab permite a los equipos de desarrollo colaborar en tiempo real en el código, realizar revisiones y resolver problemas de manera eficiente.

Wiki y documentación: Ofrece un sistema de wiki para documentar proyectos y procesos, lo que es valioso para mantener un registro de información importante.

Seguimiento de problemas y errores: Permite crear y gestionar problemas y errores, lo que facilita el seguimiento y la resolución de problemas de desarrollo.

Integraciones: Se integra con una amplia variedad de herramientas y servicios populares, como Slack, JIRA, Docker y más, para adaptarse a las necesidades específicas de tu flujo de trabajo.

Precios flexibles: GitLab ofrece una versión de código abierto (*GitLab Community Edition*) y planes de precios que se adaptan a las necesidades de empresas de todos los tamaños, lo que lo hace asequible para emprendedores y pymes.

Autohospedaje: Si es necesario, GitLab permite la opción de autohospedaje, lo que brinda un mayor control sobre la infraestructura y los datos.

En resumen, GitLab es una plataforma de desarrollo de software completa que proporciona todas las herramientas necesarias para la gestión de su ciclo de. Su enfoque en la colaboración, la automatización y la seguridad del código fuente lo convierten en una opción sólida para emprendedores y pymes que buscan optimizar sus procesos de desarrollo y mejorar la eficiencia de sus proyectos de software.

Freelancer

Freelancer es una plataforma en línea que conecta a empleadores con freelancers que ofrecen una variedad de habilidades y servicios, desde diseño gráfico y desarrollo web hasta redacción y marketing digital.

Estas son algunas de las características por las que uso Freelancer para subcontratar mis proyectos:

Acceso a talento global: Freelancer.com permite acceder a una gran comunidad de freelancers de todo el mundo, lo que brinda una amplia gama de habilidades y experiencia que pueden no estar disponibles localmente.

Flexibilidad de contratación: Para emprendedores y pymes que tienen proyectos puntuales o no necesitan contratar a tiempo completo, Freelancer.com ofrece la flexibilidad de contratar freelancers por proyecto o por hora, según las necesidades específicas.

Variedad de habilidades: la plataforma cubre una amplia gama de categorías y habilidades, desde diseño y desarrollo hasta marketing y redacción. Esto permite encontrar freelancers para diferentes aspectos del negocio.

Ahorro de costes: Contratar freelancers a menudo puede ser más económico que contratar personal a tiempo completo, especialmente para tareas específicas y proyectos a corto plazo.

Escala según necesidades: Puedes escalar la contratación de freelancers según las demandas de tu negocio, lo que es especialmente útil para proyectos puntuales o para evitar compromisos a largo plazo.

Acceso a especialistas: Freelancer.com te permite encontrar y contratar freelancers altamente especializados en áreas específicas, lo que garantiza que estés trabajando con profesionales calificados en cada proyecto.

Rápida contratación: La plataforma facilita la búsqueda y la contratación de freelancers, lo que ahorra tiempo y esfuerzo en comparación con la búsqueda manual.

Competencia y variedad de opciones: La naturaleza competitiva de la plataforma puede llevar a una variedad de opciones y ofertas por parte de los freelancers, lo que puede beneficiar a los negocios al obtener tarifas más competitivas.

Evaluaciones y retroalimentación: Los perfiles de los freelancers suelen incluir evaluaciones y retroalimentación de trabajos anteriores, lo que te ayuda a tomar decisiones informadas al seleccionar a alguien para tu proyecto.

Plataforma de pago y protección: Freelancer.com generalmente ofrece sistemas de pago seguros y mecanismos de protección para garantizar que ambas partes cumplan con sus compromisos.

En resumen, Freelancer.com puede ser recomendable para emprendedores y pymes debido a su capacidad para acceder a talento global, su flexibilidad de contratación, la variedad de habilidades disponibles y la posibilidad de ahorrar costos. Sin embargo, es importante investigar y evaluar cuidadosamente a los freelancers antes de contratar para asegurarte de encontrar profesionales calificados y confiables, tal y como vimos en capítulos anteriores, ya que hay muchos que tienen las respuestas automatizadas y sus ofertas no son de calidad.

KeePass

KeePass es un administrador de contraseñas de código abierto que te permite gestionar y almacenar de forma segura tus contraseñas y otras informaciones confidenciales.

Aquí te explico por qué es una herramienta imprescindible:

Seguridad de contraseñas: KeePass utiliza un sistema altamente seguro para almacenar contraseñas e informaciones confidenciales. Los datos se cifran con un algoritmo de cifrado fuerte y se protegen con una contraseña maestra única.

Gestión centralizada de contraseñas: KeePass te permite almacenar todas sus contraseñas y credenciales en un solo lugar seguro. Esto facilita la gestión de múltiples cuentas y contraseñas.

Generación de contraseñas seguras: La herramienta incluye un generador de contraseñas que crea automáticamente (a petición) contraseñas fuertes y únicas, lo que te ayuda a proteger aún más tus cuentas en línea.

Almacenamiento de información sensible: Además de contraseñas, KeePass puede utilizarse para almacenar otra información confidencial como números de tarjetas de crédito, información de cuentas bancarias, notas privadas y más.

Acceso desde cualquier lugar: KeePass ofrece la opción de sincronización y acceso en línea, lo que permite acceder a tus contraseñas desde diferentes dispositivos y ubicaciones.

No depende de la nube: KeePass normalmente almacena los datos de contraseñas en tu propio dispositivo o servidor, lo que significa que no dependes de terceros para proteger tus contraseñas y datos sensibles, ni te expones al exterior.

Código abierto y gratuito: KeePass es una herramienta de código abierto, lo que significa que es de uso gratuito y su código fuente es accesible para su revisión por parte de la comunidad. Esto proporciona transparencia y confianza en la seguridad del software.

Compartir contraseñas de forma segura: Algunas versiones de KeePass te permiten compartir contraseñas de forma segura con otros usuarios o miembros del equipo sin revelar la contraseña real.

Auditoría de contraseñas: Puedes realizar un seguimiento de cuándo se han modificado o accedido a las contraseñas para mantener un registro de actividad.

Cumplimiento de regulaciones: KeePass te ayuda a cumplir con regulaciones de seguridad y privacidad al garantizar que las contraseñas se almacenen y gestionan de manera segura.

En resumen, KeePass es una herramienta de administración de contraseñas que ofrece un alto nivel de seguridad y control sobre la información confidencial. Es especialmente valiosa para quienes desean mantener sus cuentas y datos seguros sin depender de servicios de terceros.

LiveAgent

LiveAgent es una plataforma de atención al cliente y servicio de asistencia en línea que ofrece una amplia gama de herramientas y funciones para gestionar eficazmente las interacciones con los clientes.

Estas són algunas de las características que hacen que LiveAgent sea un imprescindible para emprendedores y pequeñas y medianas empresas.

Centralización de la atención al cliente: LiveAgent te permite centralizar todas las interacciones con los clientes, incluyendo correos electrónicos, chats en vivo, llamadas telefónicas, mensajes de redes sociales y más, en un solo lugar. Esto facilita la gestión y respuesta a todas las consultas de los clientes desde una única plataforma, lo que tiene un alto impacto en la productividad de tu equipo de soporte al cliente.

Chat en vivo y soporte en tiempo real: Ofrece una función de chat en vivo que te permite interactuar con los clientes en tiempo real, resolver problemas al instante y brindar un servicio más eficiente.

Sistema de tickets: LiveAgent utiliza un sistema de tickets para rastrear y gestionar las solicitudes de los clientes de manera organizada. Esto te ayuda a garantizar que ninguna consulta se pierda y que todas se aborden de manera oportuna.

Automatización de tareas: La plataforma ofrece opciones de automatización para asignar automáticamente tickets, responder consultas comunes y seguir flujos de trabajo personalizados, lo que te ahorra tiempo y reduce la carga de trabajo manual.

Integraciones con otras herramientas: LiveAgent se integra con una variedad de aplicaciones y servicios populares, como CRM, redes sociales y sistemas de comercio electrónico, lo que te facilita la conexión con otras herramientas de tu negocio.

Múltiples canales de comunicación: Te permite interactuar con los clientes a través de diversos canales, lo que brinda flexibilidad y permite a los clientes elegir cómo desean comunicarse contigo.

Gestión de conocimiento: La plataforma generalmente ofrece una base de conocimientos donde puedes almacenar información útil para los clientes, como respuestas a preguntas frecuentes o tutoriales, lo que te ayuda a reducir la carga de trabajo de soporte al proporcionar recursos de autoservicio.

Análisis y métricas: LiveAgent te proporciona informes y análisis que te ayudan a medir el rendimiento del equipo de soporte y a identificar áreas de mejora.

Facilidad de uso: La interfaz de usuario de LiveAgent es intuitiva y fácil de aprender, lo que te facilita su implementación sin necesidad de una curva de aprendizaje compleja.

En resumen, LiveAgent es una plataforma integral de atención al cliente y servicio de asistencia que puede ser altamente beneficiosa para emprendedores y pymes. Te ayuda a gestionar y optimizar las interacciones con los clientes, lo que impactando positivamente en la mejora la satisfacción del cliente y la eficiencia operativa.

Malt

Malt (anteriormente conocida como Hopwork) es una plataforma en línea que conecta a freelancers (profesionales independientes) con empresas que buscan talento para proyectos temporales. Aquí te explico por qué podría ser una muy buena alternativa a Freelancer.

Acceso a una amplia red de talento: Malt cuenta con una amplia red de freelancers altamente calificados en diversas áreas, desde diseño y desarrollo hasta marketing y consultoría. Esto te brinda acceso a una variedad de habilidades y experiencia que pueden no estar disponibles en tu localidad.

Flexibilidad de contratación: Si tu negocio conlleva necesidades cambiantes de proyectos y no te permite comprometerte a tiempo completo, en Malt encontrarás la flexibilidad que necesitas, pudiendo de contratar freelancers por proyecto, por hora o por un período determinado.

Selección personalizada de talento: Malt te permite buscar y seleccionar freelancers basados en tus necesidades específicas y criterios de proyecto, lo que garantiza que encuentres el talento adecuado para cada tarea.

Ahorro de costos: Contratar freelancers a menudo puede ser más económico que contratar personal a tiempo completo, especialmente para proyectos específicos y a corto plazo. Esto te permitirá evitar costos laborales adicionales y mantener bajos los costes operativos.

Sin costes de incorporación: No hay costes de incorporación asociados con la contratación de freelancers a través de Malt. Solo pagas por los servicios del freelancer y no incurres en costos adicionales de recursos humanos.

Gestión simplificada: Malt te facilita la gestión de proyectos y pagos, lo que te permite concentrarte en el trabajo en lugar de la administración.

Calidad y experiencia garantizada: Los freelancers en la plataforma suelen tener perfiles verificados y reseñas de trabajos anteriores, lo que te ayuda a tomar decisiones informadas a la hora de seleccionar talento.

Colaboración en equipo: Malt te permite contratar varios freelancers para trabajar en diferentes aspectos de un mismo proyecto, lo que facilita la colaboración en equipo y la ejecución de proyectos complejos.

Soporte de proyectos variados: Malt es adecuado para una amplia variedad de proyectos, desde tareas técnicas y creativas hasta proyectos de consultoría y marketing. Esto lo hace versátil para diferentes tipos de negocios.

Seguro de responsabilidad civil: Algunas versiones de Malt ofrecen un seguro de responsabilidad civil para protegerte en caso de disputas o problemas relacionados con el trabajo de los freelancers.

En resumen, Malt es recomendable para emprendedores y pymes debido a su capacidad para proporcionar acceso a talento especializado, su flexibilidad de contratación, la selección personalizada de freelancers y su potencial para ahorrar costes.

Manychat

ManyChat es una plataforma de automatización de marketing que se integra con las aplicaciones de mensajería de Instagram, Messenger (Facebook), WhatsApp, Telegram, correo electrónico y SMS.

Está diseñada para ayudarte a automatizar las conversaciones con tus clientes a través de los canales de mensajería enumerados anteriormente.

A continuación, te explico las principales características de la aplicación:

Automatización de conversaciones: ManyChat te permite automatizar las conversaciones con los clientes, lo que te puede ahorrar tiempo y recursos al responder preguntas frecuentes y brindar información básica las 24 horas del día, los 7 días de la semana.

Generación de leads: La plataforma te ofrece herramientas para capturar leads y construir listas de suscriptores directamente a través de los canales. Esto es útil para expandir tu base de clientes potenciales.

Secuencias de mensajes automatizados: ManyChat te permite crear secuencias de mensajes automatizados que se envían a tus suscriptores en momentos específicos o en respuesta a acciones previas. Esto es muy útil para enviar mensajes de seguimiento, campañas de marketing y recordatorios.

Segmentación de audiencia: Puedes segmentar tu audiencia en función de sus intereses y comportamientos, lo que te permite enviar mensajes más relevantes y personalizados a grupos específicos de clientes.

Interacción en tiempo real: ManyChat te permite interactuar con los clientes en tiempo real a través del chat en vivo, lo que puede mejorar la atención al cliente y brindar respuestas inmediatas a consultas importantes.

Integraciones con otras herramientas: La plataforma se integra con una variedad de herramientas y aplicaciones populares, como CRM y sistemas de correo electrónico, lo que facilita la gestión de datos y la automatización de procesos.

Creación de chatbots sin código: ManyChat te ofrece una interfaz de arrastrar y soltar que te permite crear chatbots y secuencias de mensajes, sin necesidad de conocimientos técnicos ni de programación.

Analítica y seguimiento de rendimiento: ManyChat te proporciona métricas y análisis para evaluar el rendimiento de tus campañas de mensajes y chatbots, lo que te permite ajustar y mejorar tus estrategias.

Costo asequible: ManyChat ofrece planes de precios asequibles, adecuados para emprendedores y pymes con presupuestos limitados. Además, tiene una versión gratuita hasta 1000 contactos.

En resumen, ManyChat es una plataforma de automatización de marketing recomendable para emprendedores y pymes debido a su capacidad para automatizar conversaciones, generar leads, segmentar audiencias y brindar una experiencia de cliente más interactiva y personalizada a través de Messenger y otros canales de mensajería.

MarketPlan.io

MarketPlan.io es una plataforma de marketing todo en uno que te permite planificar, ejecutar, proyectar y optimizar toda tu estrategia de marketing en línea desde un solo lugar. Te ofrece la posibilidad de registrarte gratis y ver cómo funciona.

Estas son algunas de sus funciones:

Mapea y Planifica Embudos y Campañas: Conecta cada parte de tu marketing a un mapa dinámico fácil de usar, actualizado en vivo y deja de hacer malabarismos con las aplicaciones de marketing.

Colabora con tu equipo: Desde una única página puedes asignar tareas a tu equipo, crear comentarios, chatear y enviar archivos, recibir notificaciones de progreso y actualizar las tareas pendientes en Kanban, todo sin salir de la aplicación.

Ejecuta proyecciones dinámicas: Proyecta tu CPC, gasto publicitario total, visitantes, clientes potenciales, tasas de conversión, ventas, ejecuta escenarios dinámicos y calcula tu ROI, todo antes de configurar tu campaña en vivo. Nunca más tendrás un descuadre entre las ventas y las inversiones en marketing.

Análisis en tiempo real: Números reales para, decisiones y beneficios reales. Realiza un seguimiento dinámico de tu campaña en vivo con análisis en tiempo real. En MarketPlan, tus embudos son más que solo planes, son campañas reales que se actualizan en tiempo real.

Con esta herramienta eliminarás los palos de ciego. Sabrás exactamente lo que vas a hacer y cómo lo vas a hacer. Planifica y toma decisiones comerciales en vivo para asegurarte de obtener el máximo ROI.

Si haces marketing online, esta aplicación es una de las que de no deberías prescindir y es el complemento perfecto para systeme.io

Metricool

Metricool es una plataforma de gestión de redes sociales y análisis de datos que te permite gestionar y medir el rendimiento de tus redes sociales, así como planificar y programar contenido.

Estas son algunas de características de Metricool que han hecho que sea mi herramienta para las redes sociales.

Gestión de redes sociales centralizada: Metricool te permite administrar múltiples cuentas de redes sociales desde un solo lugar, lo que es especialmente útil para emprendedores y pequeñas empresas que pueden no tener un equipo de gestión de redes sociales.

Programación de contenido: La plataforma te permite programar publicaciones en las redes sociales con antelación, lo que te ahorra tiempo y te permite mantener una presencia constante en línea.

Análisis de datos: Metricool te ofrece herramientas de análisis de datos con las que podrás realizar un seguimiento del rendimiento de tus cuentas en redes sociales. Esto incluye métricas clave como tasas de interacción, crecimiento de seguidores y análisis de contenido.

Seguimiento de competidores: La plataforma te ofrece la capacidad de realizar un seguimiento de las estrategias de redes sociales de tus competidores, lo que te puede proporcionar ideas para mejorar tu propio enfoque.

Informes: Con Metricool podrás generar informes personalizados sobre el rendimiento de las redes sociales y programar su entrega a los interesados, ya sean clientes o tu propio equipo.

Optimización de contenido: A través del análisis de datos, Metricool te ayuda a identificar qué tipo de contenido funciona mejor y cuándo es más efectivo publicarlo.

Planificación estratégica: Si estás buscando desarrollar estrategias de redes sociales efectivas, Metricool puede ser una herramienta valiosa para planificar y ajustar tu enfoque en función de datos reales.

Gestión de anuncios: Con Metricool puedes integrar la gestión de anuncios en redes sociales, lo que te permite planificar y analizar campañas publicitarias en plataformas como Facebook e Instagram.

Precio asequible: Metricool ofrece planes de precios asequibles, lo que lo hace accesible para emprendedores y Pymes con presupuestos limitados.

Metricool es una herramienta de gestión de redes sociales y análisis de datos, recomendable para emprendedores y Pymes debido a su capacidad para simplificar la gestión de cuentas en redes sociales, proporcionar información valiosa sobre el rendimiento y ayudar a planificar estrategias efectivas en línea.

MS 365

M365, también conocido como Microsoft 365, es un conjunto de aplicaciones y servicios de productividad en la nube desarrollado por Microsoft. Ofrece una amplia gama de herramientas altamente beneficiosas para emprendedores y pequeñas y medianas empresas. A continuación, te explico qué es Microsoft 365 y por qué deberías considerar seriamente su adquisición:

Suite de aplicaciones de productividad: Microsoft 365 incluye aplicaciones familiares como Word, Excel, PowerPoint y Outlook, que son esenciales para la creación de documentos, hojas de cálculo, presentaciones y comunicaciones por correo electrónico.

Colaboración en tiempo real: Microsoft 365 te permite colaborar en documentos en tiempo real, lo que es esencial para proyectos compartidos y trabajo en equipo. Varios usuarios pueden editar y comentar documentos simultáneamente.

Almacenamiento en la nube: La suite incluye almacenamiento en la nube a través de OneDrive, lo que facilita el acceso a documentos y archivos desde cualquier lugar y dispositivo con conexión a Internet.

Comunicación empresarial: Microsoft 365 ofrece Microsoft Teams, una herramienta de comunicación y colaboración que incluye chats, videollamadas y reuniones virtuales. Esto es crucial para mantener la comunicación interna y externa en una empresa.

Seguridad y cumplimiento: Microsoft 365 proporciona medidas de seguridad avanzadas, como la detección de amenazas y la administración de acceso condicional, para proteger los datos empresariales y cumplir con regulaciones de seguridad y privacidad.

Administración centralizada: Como administrador, te permite gestionar cuentas de usuario, aplicaciones y dispositivos desde un panel centralizado, lo que facilita la administración de la infraestructura tecnológica de tu negocio.

Actualizaciones automáticas: Microsoft 365 ofrece actualizaciones periódicas de sus aplicaciones y servicios, lo que garantiza que siempre tengas acceso a las últimas características, mejoras y actualizaciones de seguridad.

Planes de precios flexibles: Microsoft 365 ofrece una variedad de planes de precios adaptados a las necesidades de diferentes empresas, lo que te permite elegir un plan que se ajuste a tu presupuesto.

Integraciones con otras herramientas: Puede integrarse con una miríada de aplicaciones y servicios de terceros, lo que te permite conectar fácilmente con otras herramientas.

Microsoft 365 es una suite de productividad en la nube que ofrece una amplia gama de herramientas esenciales para el funcionamiento de una empresa. La capacidad de colaboración en tiempo real, el almacenamiento en la nube, la seguridad y las opciones de administración hacen que sea una elección sólida para emprendedores y Pymes que buscan mejorar la eficiencia y la productividad en su lugar de trabajo.

Notion

Notion es una plataforma de gestión de proyectos y colaboración en línea que ofrece una amplia gama de herramientas y funcionalidades para ayudar a las personas y equipos a organizar, planificar y colaborar en sus tareas y proyectos.

Estas son algunas de sus características principales que hace de Notion un imprescindible en tu negocio:

Flexibilidad y personalización: Notion es altamente flexible y personalizable, lo que te permite crear bases de datos, tablas, listas de tareas, documentos y más, acorde a tus necesidades específicas. Esto te permite tener procesos y flujos de trabajo únicos.

Gestión de proyectos y tareas: Notion te permite crear tableros Kanban, listas de tareas y calendarios para gestionar proyectos y tareas de manera eficiente. Esta función te permite mantener un seguimiento claro de tus proyectos y responsabilidades.

Colaboración en tiempo real: La plataforma te permite colaborar en tiempo real en documentos y proyectos, lo que facilita la comunicación y la colaboración en equipos distribuidos.

Documentación y gestión del conocimiento: Notion es ideal para crear documentos, wikis y bases de conocimiento internas. Esto es valioso para almacenar y compartir información importante dentro de la empresa.

Integración de aplicaciones: Notion se integra con una gran cantidad de aplicaciones populares, como OneDrive, Asana, Zoom y más. Esto te permite una gestión más fluida de la información y la colaboración.

Herramientas de toma de notas: Podrás tomar notas, hacer bocetos y crear documentos fácilmente dentro de Notion, lo que es útil para la documentación de ideas y reuniones.

Acceso en múltiples dispositivos: Notion está disponible en web, escritorio y dispositivos móviles, lo que te te permite acceder y colaborar en tus proyectos desde cualquier lugar, en cualquier momento.

Seguridad y permisos: Notion ofrece funciones de seguridad y permisos que te permiten controlar quién tiene acceso a la información y qué pueden hacer con ella.

Planes de precios asequibles: Aunque ofrece una versión gratuita con funcionalidades útiles, Notion también ofrece planes de precios asequibles que incluyen características avanzadas, como inteligencia artificial, por lo que se adapta a diferentes necesidades y presupuestos.

Soporte y comunidad activa: Notion cuenta con una comunidad activa de usuarios y ofrece recursos de soporte, tutoriales y documentación para ayudar a los nuevos usuarios a aprender y sacar el máximo provecho de la plataforma.

Notion es una herramienta de gestión de proyectos y colaboración altamente versátil y personalizable. Su capacidad para adaptarse a diferentes flujos de trabajo, su flexibilidad y su capacidad para mejorar la organización y la colaboración en equipo, la convierten una herramienta imprescindible.

Power Automate

Power Platform es una herramienta de automatización de flujos de trabajo y procesos en línea desarrollada por Microsoft. A continuación, te explico qué es Power Automate y por qué podría ser muy útil para ti:

Automatización de tareas: Power Automate te permite automatizar una amplia variedad de tareas y flujos de trabajo, lo que puede ahorrar tiempo y reducir la carga de trabajo manual.

Conexión de aplicaciones: Puedes conectar y automatizar acciones entre una amplia gama de aplicaciones y servicios, incluyendo aplicaciones de Microsoft como Office 365, SharePoint, Dynamics 365, así como aplicaciones de terceros como Salesforce, Google Drive, Dropbox y muchas más.

Integración con Microsoft 365: Power Automate está estrechamente integrado con Microsoft 365, lo que facilita la automatización de tareas comunes en aplicaciones como Outlook, Excel y SharePoint.

Notificaciones y alertas: Puedes configurar flujos de trabajo para recibir notificaciones y alertas por correo electrónico, mensajes de texto o mensajes en Microsoft Teams en función de eventos específicos.

Flujos de trabajo multi-paso: Puedes crear flujos de trabajo complejos y multi-paso que involucren varias acciones y decisiones lógicas.

Formularios y encuestas: Power Automate te permite crear formularios personalizados y encuestas, así como automatizar la gestión de respuestas.

Automatización de procesos de negocio: Te permite automatizar procesos de negocio más complejos, como la aprobación de documentos, la gestión de proyectos y el seguimiento de clientes potenciales.

Condiciones y lógica personalizada: Puedes utilizar condiciones y lógica personalizada para controlar cómo se ejecutan tus flujos de trabajo, lo que te posibilita una mayor personalización.

Seguridad y cumplimiento: Power Automate está diseñado con la seguridad en mente y cumple con los estándares de cumplimiento relevantes, lo que es esencial para proteger los datos empresariales y cumplir con las regulaciones.

Precios flexibles: Ofrece diferentes planes de precios, incluyendo un plan gratuito con limitaciones y planes de pago que se adaptan a las necesidades de las Pymes.

Analítica y seguimiento: Puedes medir y analizar el rendimiento de tus flujos de trabajo para identificar áreas de mejora y optimización.

Microsoft Power Automate es una herramienta de automatización de flujos de trabajo y procesos versátil que puede ser altamente beneficiosa para emprendedores y Pymes. Su integración con aplicaciones de Microsoft y su capacidad para automatizar una amplia variedad de tareas y procesos empresariales lo hacen recomendable para mejorar la eficiencia y la productividad en un entorno empresarial moderno y digital.

Rebrandly

Rebrandly es una plataforma de gestión de enlaces que te ofrece la capacidad de personalizar y optimizar tus enlaces web (URL).

Estos son las características principales de la aplicación:

Branding y profesionalismo: Rebrandly te permite personalizar tus enlaces, lo que significa que puedes crear URLs que reflejen tu marca y aspecto profesional. En lugar de usar enlaces largos y poco atractivos, puedes crear enlaces cortos y personalizados que se vean limpios y profesionales. Esto adquiere especial relevancia en redes sociales, donde puede estar limitada la longitud de la publicación.

Aumento de la confianza del usuario: Los enlaces personalizados y profesionales pueden generar más confianza entre tus clientes y usuarios. Esto es especialmente importante si deseas construir y mantener una sólida reputación en línea.

Mejora del seguimiento y análisis: Rebrandly te ofrece características de seguimiento y análisis que te permiten medir el rendimiento de tus enlaces. Puedes ver cuántas veces se ha hecho clic en un enlace, desde dónde y cuándo. Esto es valioso para evaluar la efectividad de tus campañas de marketing y estrategias de promoción.

Optimización de enlaces para redes sociales: Si utilizas las redes sociales para promocionar tus productos o servicios, con Rebrandly podrás crear enlaces personalizados que se ven mejor y ocupan menos espacio en publicaciones y mensajes.

Facilita la distribución de contenido: Rebrandly genera un código QR para cada uno de los enlaces que creas. Esto te permite compartir tus enlaces personalizados, no solo en medios digitales, sino también en medios impresos.

Aumento de la conversión: La personalización de enlaces puede aumentar la tasa de clics (CTR) ya que los enlaces personalizados suelen ser más atractivos y relevantes para los usuarios.

Integraciones con otras herramientas: Rebrandly se integra con una variedad de herramientas de marketing y análisis, lo que facilita la incorporación de esta plataforma en tu flujo de trabajo actual.

Protección de la marca: Al personalizar tus enlaces, puedes evitar que otros utilicen tus URL y proteger tu marca de posibles abusos.

Fácil de usar: Rebrandly, tiene una interface de usuario intuitiva que no requieren habilidades técnicas avanzadas.

Planes de precios asequibles: Rebrandly ofrece una versión gratuita y planes de precios asequibles adecuados para emprendedores y pymes con diferentes presupuestos.

Rebrandly es una herramienta útil para personalizar y optimizar enlaces web, lo que puede mejorar el branding, la confianza del usuario y la eficacia de tus campañas de marketing. Es especialmente valiosa para mantener una presencia en línea profesional y efectiva.

Resourcespace

ResourceSpace es una plataforma de gestión de activos digitales (DAM) de código abierto que te permite almacenar, organizar y compartir tus recursos digitales, como imágenes, videos, documentos y otros archivos multimedia.

Estas son algunas de las cosas que podrás hacer con Resourcespace:

Organización y acceso eficiente: ResourceSpace facilita la organización de activos digitales mediante etiquetas, categorías y metadatos personalizables. Esto permite un acceso rápido y eficiente a los recursos digitales, lo que es muy valioso si necesitas gestionar grandes cantidades de contenido digital.

Búsqueda avanzada: La plataforma suele ofrecer potentes herramientas de búsqueda que te permiten encontrar rápidamente los recursos que necesitas, incluso en una amplia biblioteca de activos.

Compartir y colaborar: ResourceSpace te permite compartir recursos digitales de manera segura con otros miembros del equipo, clientes o colaboradores externos. Esto facilita la colaboración en proyectos y el acceso a recursos compartidos.

Control de versiones y revisiones: ResourceSpace te ofrece control de versiones y la capacidad de realizar revisiones en los activos digitales, lo que es útil para rastrear cambios y asegurar la calidad de los recursos.

Integración con otras herramientas: La plataforma se integra con aplicaciones populares como Adobe Creative Cloud, Dropbox y WordPress, lo que facilita la incorporación de ResourceSpace en el flujo de trabajo existente.

Cumplimiento de derechos de autor: ResourceSpace permite etiquetar y gestionar los derechos de autor y licencias de los activos digitales, lo que te ayuda a asegurar cumplimiento de las regulaciones y evitar problemas legales.

Seguridad y permisos: ResourceSpace ofrece características de seguridad y permisos que te permiten controlar quién tiene acceso a qué recursos y qué pueden hacer con ellos.

Personalización y código abierto: Como plataforma de código abierto, ResourceSpace es altamente personalizable, lo que significa que puedes adaptarla a las necesidades específicas de tu empresa o proyecto.

Soporte de formatos variados: La plataforma generalmente admite una amplia gama de formatos de archivos, lo que facilita el almacenamiento y la gestión de diversos tipos de activos digitales.

Ahorro de tiempo y recursos: Al facilitar la búsqueda y gestión de activos digitales, ResourceSpace te ahorra tiempo y recursos al eliminar la necesidad de buscar archivos en carpetas dispersas o invertir tiempo en la organización manual.

En resumen, ResourceSpace es una plataforma de gestión de activos digitales, altamente recomendable debido a su capacidad para organizar, buscar y compartir eficientemente recursos digitales, así como para garantizar el cumplimiento de derechos de autor y licencias.

Scribe

Scribehow.com es una página web que te permite crear guías visuales paso a paso para cualquier proceso web. Puedes usarla para documentar, entrenar y compartir cómo hacer algo con tu equipo o clientes:

Es fácil de usar: solo tienes que activar la extensión de Scribe y seguir tu proceso como de costumbre. Scribe grabará cada paso que has y tu guía se creará automáticamente.

Es personalizable: puedes añadir texto, editar capturas de pantalla, ocultar información sensible y añadir la imagen de tu empresa.

Tiene un plan gratuito: puedes crear hasta 10 guías con todas las funcionalidades sin pagar nada.

Incorpora inteligencia artificial: puedes usar Scribe AI para generar documentos de procesos, descripciones de herramientas, guías de incorporación o centros de ayuda, en cuestión de segundos.

Sin lugar dudas esta es una herramienta que simplificará la tarea de documentar tus procesos y procedimientos, ahorrándote una gran cantidad de tiempo.

Shopify

Shopify es una plataforma de comercio electrónico que te permite crear y gestionar fácilmente tiendas en línea. Es especialmente popular entre emprendedores y pequeñas y medianas empresas que desean vender productos y servicios en línea. A continuación, te explico por qué:

Facilidad de uso: Shopify se destaca por su facilidad de uso. No se requieren habilidades técnicas avanzadas para configurar y administrar una tienda en línea. La interfaz es intuitiva y permite a los usuarios comenzar rápidamente.

Plantillas y diseño personalizado: Shopify ofrece una amplia variedad de plantillas y temas diseñados profesionalmente que te permiten a personalizar el aspecto y la sensación de tus tiendas en línea sin necesidad de conocimientos de diseño web.

Herramientas de marketing integradas: Shopify incluye una serie de herramientas de marketing, como la optimización para motores de búsqueda (SEO), la gestión de campañas de marketing por correo electrónico y la integración con redes sociales, que te ayudan a promocionar productos y atraer a más clientes.

Gestión de productos y pedidos: La plataforma facilita la gestión de productos y pedidos, lo que incluye la capacidad de rastrear inventario, gestionar variantes de productos y realizar un seguimiento de las ventas.

Seguridad y confiabilidad: Shopify se encarga de la seguridad y el alojamiento, lo que significa que no tienes que preocuparte por problemas técnicos o medidas de seguridad. Esto es especialmente valioso si careces de recursos técnicos.

Procesamiento de pagos: Shopify integra múltiples opciones de procesamiento de pagos, lo que permite a los clientes realizar compras de manera segura con diversas opciones de pago, incluyendo tarjetas de crédito y soluciones de pago en línea populares.

Escalabilidad: Shopify es escalable, lo que significa que las empresas pueden comenzar con una tienda pequeña y, a medida que crecen, agregar más productos, características y capacidades.

Integraciones y aplicaciones: La plataforma se integra con una amplia gama de aplicaciones y servicios de terceros que pueden extender sus funcionalidades, lo que te permite agregar características adicionales a medida que las necesites.

Análisis y seguimiento: Shopify proporciona informes y análisis que te ayudan a evaluar el rendimiento de su tienda en línea y tomar decisiones basadas en datos.

En resumen, Shopify es una solución integral de comercio electrónico que simplifica la creación y gestión de tiendas en línea. Su facilidad de uso, capacidad de personalización, herramientas de marketing y seguridad hacen que sea una opción sólida para emprendedores y pymes que desean establecer una presencia en línea y aumentar sus ventas en el comercio electrónico.

Siteground

SiteGround es una empresa de alojamiento web que ofrece servicios de alojamiento compartido, alojamiento de

WordPress, alojamiento en la nube y otros servicios relacionados con la gestión de sitios web.

A continuación, te explico qué soy cliente de SiteGround desde hace años:

Alojamiento confiable y rápido: SiteGround es conocido por ofrecer un alojamiento web confiable y de alto rendimiento. Sus servidores están optimizados para cargar sitios web de manera rápida y eficiente, lo que es esencial para brindar una buena experiencia al usuario.

Soporte técnico excepcional: SiteGround se destaca por su servicio de atención al cliente excepcional. Ofrece un equipo de soporte técnico altamente capacitado, siempre dispuesto a que ayudarte con la resolución de problemas técnicos o preguntas relacionadas con el alojamiento web.

Seguridad sólida: SiteGround implementa medidas de seguridad avanzadas para proteger los sitios web alojados en sus servidores. Esto incluye firewall de aplicaciones web, detección de malware y actualizaciones de seguridad regulares.

Facilidad de uso: La plataforma es muy fácil de usar, lo que la hace adecuada para emprendedores y pymes que no tienen experiencia técnica. Ofrece un panel de control intuitivo y herramientas para administrar sitios web de manera efectiva.

Copias de seguridad automáticas: SiteGround realiza copias de seguridad automáticas de los sitios web alojados en sus servidores a diario. Esto garantiza que los datos estén respaldados y se puedan restaurar en caso de problemas.

Optimizado para WordPress: SiteGround ofrece soluciones de alojamiento específicamente optimizadas para WordPress, lo que hace que sea una excelente opción para emprendedores y Pymes que utilizan esta plataforma de creación de sitios web.

Escalabilidad: Los planes de SiteGround suelen ser escalables, lo que te permite comenzar con un plan más pequeño y luego aumentar sus recursos a medida que creces y necesitas más capacidad.

Herramientas de desarrollo: En función del plan, SiteGround ofrece herramientas y recursos para desarrolladores, como acceso SSH, Git integrado y entornos de prueba, lo que facilita el desarrollo y la gestión de sitios web personalizados.

Precios competitivos: Los planes de SiteGround suelen ser competitivos en términos de precio, haciéndolos atractivos para emprendedores y pymes con presupuestos limitados.

Garantía de tiempo de actividad: SiteGround ofrece una sólida garantía de tiempo de actividad, lo que significa que tus sitios web estarán disponibles en línea la mayor parte del tiempo.

SiteGround es un proveedor de alojamiento web confiable que ofrece una combinación de velocidad, seguridad, facilidad de uso y soporte técnico de alta calidad. Esto lo convierte en una opción sólida para emprendedores y pymes que buscan alojar sitios web de manera efectiva y confiable.

STEL Order

STEL Order es un software de gestión empresarial especialmente diseñado para pequeñas y medianas empresas. Proporciona una solución integral para administrar varios aspectos de un negocio, desde la gestión de clientes y ventas hasta la contabilidad y la logística.

A continuación, te explico qué es STEL Order y por qué podría ser la herramienta que estás buscando para tu negocio:

Gestión de clientes y contactos: STEL Order te permite gestionar tus contactos y clientes de manera eficiente, lo que incluye el seguimiento de la información de contacto, el historial de compras y las interacciones anteriores.

Gestión de ventas y pedidos: La plataforma facilita la creación y el seguimiento de presupuestos, pedidos y facturas. Puedes generar documentos profesionales y enviarlos a tus clientes de manera eficiente.

Control de inventario: STEL Order te ayuda a administrar tu inventario, realizar un seguimiento de los niveles de existencias, gestionar proveedores y realizar pedidos de manera efectiva.

Gestión de proyectos: La plataforma incluye herramientas para gestionar proyectos y tareas, lo que es valioso para empresas que trabajan en proyectos específicos para clientes.

Control financiero: STEL Order te ofrece funciones de contabilidad, como seguimiento de gastos, ingresos y ganancias. Esto te tpermite mantener un control financiero sólido.

Movilidad: STEL Order te permite acceder a la plataforma desde dispositivos móviles, lo que es útil si eres de los que necesitan gestionar tu negocio sobre la marcha.

Informes y análisis: La plataforma te proporciona informes y análisis que te permiten evaluar el rendimiento del nengocio y tomar decisiones informadas.

Integraciones: STEL Order se integra con otras herramientas y servicios populares, como sistemas de correo electrónico y aplicaciones de contabilidad, lo que te facilita la incorporación de esta plataforma en el flujo de trabajo existente.

Seguridad y protección de datos: STEL Order ofrece medidas de seguridad para proteger los datos de los clientes y la información financiera, lo que es fundamental para la privacidad y la seguridad de los datos.

Facilidad de uso: La plataforma es fácil de usar, lo que la hace adecuada para emprendedores y Pymes sin experiencia técnica avanzada.

STEL Order es un software de gestión empresarial que brinda una amplia gama de herramientas y funciones que te ayudan a administrar eficazmente tus operaciones comerciales. Su capacidad para gestionar clientes, ventas, inventario y finanzas, junto con su facilidad de uso, lo convierten en una opción sólida para emprendedores y pymes que buscan una solución integral para la gestión de sus negocios. Es una aplicación ideal para aquellos negocios que no se basan en proyectos, como instaladores, servicios de asistencia técnica, fabricantes, etc.

Systeme.io

Systeme.io es una plataforma de marketing en línea y automatización de marketing que ofrece una variedad de herramientas y características para emprendedores y pequeñas y medianas empresas.

A continuación, te explico por qué deberías añadirla a tu lista de sistemas:

Creación de embudos de ventas: Systeme.io te permite crear embudos de ventas personalizados y automatizados para guiar a los visitantes a través del proceso de conversión, desde la captura de leads hasta la venta final.

Gestión de correo electrónico: La plataforma incluye capacidades de marketing por correo electrónico que te permiten crear y enviar campañas de correo electrónico, secuencias de correos electrónicos automatizados y boletines informativos a tus listas de suscriptores.

Páginas de destino y sitios web: Systeme.io ofrece la posibilidad de crear páginas de destino atractivas y sitios web simples sin necesidad de habilidades de programación. Esto es muy valioso para tener una presencia en línea efectiva.

Venta de productos y servicios en línea: La plataforma te permite configurar una tienda en línea y vender productos o servicios directamente desde su sitio web. También admite la gestión de membresías y la venta de contenido digital, como descargables o cursos en línea.

Automatización de marketing: Systeme.io ofrece automatización de marketing, lo que te permite programar acciones específicas, como correos electrónicos de seguimiento, en función del comportamiento del usuario.

Segmentación de clientes: Puedes segmentar tu lista de suscriptores y clientes en función de sus comportamientos y preferencias, lo que facilita el envío de mensajes específicos y personalizados.

Análisis y seguimiento: La plataforma proporciona herramientas de análisis y seguimiento que permiten a las empresas medir el rendimiento de sus campañas y embudos, lo que es esencial para tomar decisiones informadas.

Integraciones: Systeme.io se integra con una variedad de otras herramientas y servicios populares, lo que facilita la conexión de esta plataforma con tus aplicaciones existentes.

Precios competitivos: Los planes de precios de Systeme.io son muy competitivos en comparación con otras soluciones de marketing en línea, lo que lo hace muy atractivo para emprendedores y Pymes con presupuestos limitados.

En resumen, Systeme.io es una plataforma de marketing en línea y automatización de marketing que proporciona una amplia gama de herramientas y características para ayudarte a gestionar tus operaciones de marketing de manera eficaz. Su facilidad de uso y su conjunto de funciones integrales lo hacen recomendable para emprendedores y Pymes que buscan simplificar y automatizar sus esfuerzos de marketing en línea.

Personalmente, estoy migrando cada una de las webs de mis negocios a systeme.io porque me facilita el proceso de que dejen de ser un pasivo y pasen a ser un activo que me genera clientes.

Weezevent

Weezevent es una plataforma de gestión de eventos que ayuda a organizadores y empresas a planificar, promocionar y gestionar eventos de manera eficiente. Esta plataforma es ideal para emprendedores y Pymes por varias razones:

Facilidad de uso: Weezevent ofrece una interfaz intuitiva y fácil de usar, lo que facilita la creación y gestión de eventos incluso para aquellos sin experiencia técnica.

Venta de entradas en línea: Permite la venta de entradas en línea para eventos, lo que es esencial si organizas conferencias, conciertos, ferias comerciales y otros eventos.

Personalización de entradas: Los organizadores pueden personalizar las entradas con su propio diseño y branding, lo que ayuda a reforzar la identidad de la marca.

Diversas opciones de pago: Weezevent ofrece diversas opciones de pago en línea, lo que facilita la compra de entradas para los asistentes.

Gestión de invitados y listas de asistentes: Permite gestionar listas de asistentes y controlar el acceso al evento, lo que es especialmente útil para eventos con entradas con descuento o invitaciones VIP.

Promoción y marketing: Weezevent ofrece herramientas para promocionar el evento a través de correos electrónicos, redes sociales y otras estrategias de marketing, lo que ayuda a atraer a más asistentes.

Gestión de boletos físicos y electrónicos: Puedes elegir emitir boletos físicos o electrónicos, según las necesidades de tu evento.

Informes y análisis: Weezevent proporciona informes y análisis detallados para ayudarte a evaluar el rendimiento de tu evento y tomar decisiones informadas.

Control de ingresos y ventas: Permite llevar un registro preciso de las ventas de entradas y los ingresos generados por el evento.

Integraciones: Puede integrarse con otras herramientas y servicios, como sistemas de pago, aplicaciones de correo electrónico y aplicaciones de gestión de relaciones con el cliente (CRM).

Cumplimiento de regulaciones: Ayuda a los organizadores a cumplir con las regulaciones locales y nacionales relacionadas con la venta de entradas y la gestión de eventos.

Weezevent es una plataforma versátil que facilita la planificación, promoción y gestión de eventos para emprendedores y Pymes. Su conjunto de características, facilidad de uso y opciones de personalización la hacen recomendable para aquellos que buscan una solución integral para la gestión de eventos en línea y en persona.

Whimsical

Whimsical es una plataforma en línea que ofrece una variedad de herramientas para la creación de diagramas, mapas mentales, flujos de trabajo, prototipos de aplicaciones y otros tipos de representaciones visuales. Es especialmente útil para emprendedores y pymes por varias razones:

Facilidad de uso: Whimsical se destaca por su interfaz intuitiva y fácil de usar, lo que te permite crear rápidamente diagramas y visualizaciones sin requerir habilidades técnicas avanzadas.

Amplia variedad de diagramas: Ofrece una amplia variedad de tipos de diagramas, que incluyen diagramas de flujo, organigramas, mapas mentales, diagramas de red, diagramas de sitio web y prototipos de aplicaciones. Esto es especialmente valioso si necesitas crear representaciones visuales para diversos propósitos.

Colaboración en tiempo real: Whimsical permite la colaboración en tiempo real, lo que facilita el trabajo en equipo y la revisión de diagramas y flujos de trabajo por parte de varios usuarios.

Plantillas y elementos personalizables: La plataforma ofrece una amplia variedad de plantillas y elementos que pueden personalizarse según las necesidades del proyecto, lo que te permite crear diagramas con mucha facilidad y velocidad.

Integraciones: Whimsical se integra con otras herramientas populares como Notion y tu sitio web, lo que facilita la incorporación de estas visualizaciones en tu flujo de trabajo existente.

Texto a diagrama de flujo: La función Text-to-flowchart te permite traducir ideas a diagramas de flujo en cuestión de segundos, gracias a la inteligencia artificial. Lo puedes usar para crear flujos de usuarios y de procesos, conceptos y guiar tus pensamientos para encontrar soluciones.

Exportación y uso compartido: Puedes exportar tus diagramas en diferentes formatos, como imágenes o documentos PDF, para compartirlos con otros o utilizarlos en presentaciones. También puedes embeber tus diagramas en cualquier página web.

Seguridad y privacidad: Whimsical ofrece medidas de seguridad y privacidad para proteger tus datos y diagramas confidenciales.

Precios asequibles: Ofrece planes de precios asequibles, lo que es especialmente beneficioso para emprendedores y Pymes con presupuestos limitados.

Prototipado rápido: Whimsical permite crear prototipos de aplicaciones web y móviles de manera rápida y sencilla, lo que es esencial para emprendedores que necesitan visualizar y probar sus ideas.

Aplicaciones en varios sectores: Whimsical se puede utilizar en una variedad de sectores, incluyendo tecnología, diseño, marketing y educación, lo que lo hace versátil y aplicable a diferentes tipos de proyectos.

Whimsical es una herramienta de creación de diagramas y visualización versátil que puede ser recomendable para emprendedores y pymes que necesitan comunicar ideas y procesos de manera efectiva. Su facilidad de uso, variedad de diagramas, colaboración en tiempo real y precios asequibles son algunas de las razones por las que podría ser una opción sólida para ti.

Wispform

Wispform es una plataforma en línea que te permite crear formularios web personalizados y encuestas de manera sencilla. Aquí te explico qué es Wispform y por qué podría ser una gran solución para ti:

Facilidad de uso: Wispform suele ser elogiado por su interfaz de usuario intuitiva y fácil de usar. Esto significa que puedes crear formularios y encuestas sin la necesidad de conocimientos técnicos avanzados.

Creación de formularios personalizados: Wispform te permite crear formularios web altamente personalizados para recopilar información específica de tus clientes, leads o empleados. Puedes personalizar la apariencia y las preguntas del formulario de acuerdo con tus necesidades.

Encuestas y retroalimentación: Además de formularios, Wispform te permite crear encuestas para recopilar comentarios de clientes, realizar investigaciones de mercado y medir la satisfacción del cliente.

Plantillas predefinidas: La plataforma ofrece una variedad de plantillas de formularios y encuestas que puedes personalizar según tus necesidades. Esto te ahorra tiempo en la creación y diseño inicial.

Integraciones: Wispform se integra con otras herramientas populares, como herramientas de correo electrónico y hojas de cálculo, lo que facilita la gestión y el análisis de los datos recopilados.

Automatización: Algunas versiones de Wispform ofrecen capacidades de automatización que permiten acciones específicas en función de las respuestas a los formularios o encuestas.

Análisis y seguimiento: La plataforma proporciona informes y análisis detallados sobre las respuestas recopiladas, lo que te ayuda a tomar decisiones informadas basadas en datos.

Seguridad y protección de datos: Wispform ofrece medidas de seguridad para proteger los datos de los clientes y la información confidencial recopilada a través de los formularios.

Precios asequibles: Suele tener planes de precios asequibles que son adecuados para emprendedores y Pymes con presupuestos limitados, en comparación con otras opciones más famosas del mercado.

Wispform es una herramienta versátil que facilita la creación de formularios web personalizados y encuestas. Su facilidad de uso, personalización, capacidad de automatización, análisis y precios asequibles hacen que sea una opción sólida para emprendedores y Pymes que desean recopilar datos, obtener retroalimentación de clientes o realizar investigaciones de mercado de manera efectiva. Sin embargo, es importante verificar la información más actualizada sobre Wispform y sus características, ya que la tecnología y las ofertas de software pueden cambiar con el tiempo.

Zapier

Zapier es una plataforma de automatización en línea que te permite conectar diferentes aplicaciones y servicios web para automatizar tareas y flujos de trabajo. Esta herramienta es altamente recomendable para emprendedores y pequeñas y medianas empresas por varias razones:

Automatización sin programación: Zapier te permite automatizar tareas sin necesidad de conocimientos de programación. Puedes crear flujos de trabajo automatizados (llamados "Zaps") mediante una interfaz de arrastrar y soltar.

Conexión de aplicaciones: Zapier ofrece una amplia gama de integraciones con más de 2,000 aplicaciones y servicios populares, como Outlook, Teams, Notion, Avaza y muchas otras. Esto te permite conectar las herramientas que ya utilizas y automatizar procesos entre ellas.

Ahorro de tiempo y eficiencia: Al automatizar tareas repetitivas, Zapier te permite ahorrar tiempo y recursos. Esto te libera para que concentrarte en tareas más estratégicas y de alto valor.

Automatización de marketing: Zapier es especialmente útil para la automatización de marketing, ya que permite conectar herramientas de CRM, correo electrónico, redes sociales y otras apliacione, con el objeto de automatizar el seguimiento de clientes potenciales, enviar correos electrónicos de seguimiento y más.

Notificaciones y alertas: Puedes configurar Zaps para recibir notificaciones y alertas instantáneas cuando ocurran eventos específicos en tus aplicaciones. Esto es útil para estar al tanto de cambios importantes en tiempo real.

Integración con comercio electrónico: Si tienes una tienda en línea o vendes productos en línea, Zapier puede ayudarte a automatizar tareas como la gestión de pedidos, la actualización de inventario y la notificación de envío.

Gestión de proyectos: Zapier puede ayudarte a conectar herramientas de gestión de proyectos, como Avaza, Asana o Notion, con aplicaciones de comunicación para mantener a tu equipo al tanto de las tareas y proyectos en curso.

Seguimiento y análisis: Puedes utilizar Zapier para recopilar datos automáticamente de diferentes fuentes y enviarlos a una hoja de cálculo para su análisis posterior, lo que facilita el seguimiento del rendimiento y la toma de decisiones basadas en datos.

Precios asequibles: Zapier ofrece planes de precios accesibles, incluyendo un plan gratuito con ciertas limitaciones, lo que lo hace adecuado si tienes un presupuesto limitado.

Zapier es una poderosa herramienta de automatización que puede ayudar a emprendedores y Pymes a mejorar la eficiencia, reducir la carga de trabajo manual y conectar las aplicaciones que utilizan en su negocio. Su facilidad de uso y amplia gama de integraciones hacen que sea una opción valiosa para simplificar procesos y mejorar la productividad.

Zoom

Zoom es una plataforma de comunicación y colaboración en línea que se ha vuelto ampliamente conocida por sus servicios de videoconferencia, reuniones en línea y colaboración en tiempo real. Es altamente recomendable para emprendedores y pymes por varias razones:

Videoconferencia de alta calidad*: Zoom ofrece una calidad de video y audio excepcional, lo que facilita la comunicación efectiva con clientes, colegas y socios comerciales en todo el mundo.

Reuniones virtuales: Permite realizar reuniones en línea con video y audio, lo que es esencial para equipos distribuidos o para aquellos que trabajan desde diferentes ubicaciones geográficas.

Colaboración en tiempo real: Zoom incluye herramientas de colaboración en tiempo real, como uso compartido de pantalla, pizarra digital y chat en línea, que permiten a los equipos trabajar juntos de manera eficiente y productiva.

Grabación de reuniones: Puedes grabar tus reuniones en línea para futuras referencias o para compartir con aquellos que no pudieron asistir en tiempo real.

Webinars y eventos en línea: Zoom ofrece la capacidad de organizar webinars y eventos en línea, ideal para realizar presentaciones, talleres o conferencias en línea.

Salas de reuniones virtuales: Permite la creación de salas de reuniones virtuales permanentes, lo que facilita la programación de reuniones ad hoc o reuniones regulares con el mismo enlace.

Seguridad: Entre sus medidas de seguridad, Zoom incluye contraseñas para reuniones y salas de espera para controlar quién puede unirse a una reunión.

Integraciones: Zoom se integra con una variedad de aplicaciones y servicios populares, como calendarios, herramientas de productividad y sistemas de gestión de proyectos.

Facilidad de uso: La plataforma es conocida por su interfaz de usuario intuitiva y amigable, lo que la hace accesible incluso para aquellos que no son expertos en tecnología.

Planes de precios flexibles: Zoom ofrece un plan gratuito con características limitadas y planes de pago escalables, lo que te permite adaptar tus gastos de comunicación a tus necesidades específicas.

Compatibilidad multiplataforma: Zoom funciona en una amplia variedad de dispositivos y sistemas operativos, lo que facilita la comunicación entre diferentes tipos de dispositivos.

Zoom es una herramienta versátil de comunicación y colaboración en línea que se ha vuelto esencial para emprendedores y Pymes, especialmente en un entorno empresarial cada vez más digital y remoto. Su capacidad para facilitar la comunicación efectiva, la colaboración en tiempo real y la organización de reuniones en línea lo convierte en una opción recomendable para empresas de todos los tamaños.

Ten en cuenta que, si usas Teams, probablemente no necesitarás Zoom, pues Teams incorpora las mismas funcionalidades o incluso ampliadas.

Hasta aquí el ecosistema de aplicaciones seleccionadas. Como dije al inicio del capítulo, he tratado de crear un ecosistema de aplicaciones que cubra la mayor parte de las necesidades de emprendedores y pymes. Eso no significa que tengas que adquirir todas las herramientas que enumero, ni que estén todas las necesarias. Simplemente es una recopilación de buenas herramientas que pueden serte de utilidad. Mi objetivo es simplificarte el proceso de búsqueda y selección de aplicaciones.

Si estás pensando en introducir varias de estas herramientas en tu negocio, mi consejo es que lo hagas poco a poco. A medida que comiences a implementar sistemas estables en tu negocio, considera ir agregando las herramientas pertinentes.

Apoyarte en estas aplicaciones de automatización potentes y fáciles de usar te ayudará a automatizar las tareas repetitivas y, como consecuencia, liberarás tu tiempo para que puedas enfocar toda tu energía en las funciones esenciales necesarias para hacer crecer tu negocio.

Si necesitas ayuda con alguna de ellas, no dudes en visitar mis redes sociales para encontrar contenido de utilidad o, si lo prefieres, contacta conmigo y hablamos.

Conclusión

Cuando se trata de dirigir una empresa de éxito, es importante recordar que tu negocio, así como los mercados a los que sirves, no son estáticos, sino que están en un estado de constante movimiento. Esto significa que con el tiempo tendrás que refinar y rediseñar tus sistemas y controles. Cuanto más crezcas, más te requerirá que evoluciones tus sistemas.

La gracia de trabajar con el ecosistema de aplicaciones propuesto es que nunca deberás lidiar con la obsolescencia y te servirán tanto para un negocio de 500.000€ como para uno de 5 millones de euros. Lo que sí deberás revisar de forma periódica son tus procesos, tus políticas y controles para que crezcan contigo. Recuerda siempre que un negocio es como un ser vivo: cuando deja de crecer, empieza a morir. ¡No dejes de crecer nunca!

Bien, hasta aquí el contenido del libro. En cada página de «Empresario Libre», hemos explorado juntos un viaje fascinante hacia la transformación empresarial y la libertad que anhelas. Has aprendido a liberarte de las cadenas de las tareas repetitivas, a abrazar la tecnología como tu aliada y a escalar tu negocio hacia nuevos horizontes de éxito. Pero, más allá de los conceptos y las herramientas, has descubierto que la Revolución Digital es también un viaje personal.

La automatización y la inteligencia artificial son más que simples tecnologías; son las llaves que abren la puerta a un estilo de vida más libre, mejor remunerado y profundamente satisfactorio. A través de estas páginas, te he guiado con la misma pasión y compromiso que he llevado a mi propio camino empresarial.

El camino puede no ser siempre fácil, pero es en los desafíos donde se encuentra el crecimiento. Tú, querido lector, eres la razón por la que he dedicado mi tiempo y conocimiento a este libro. Tienes el potencial y la capacidad para transformar tu negocio y tu vida de maneras que quizás ni siquiera has imaginado.

Te insto a que sigas adelante con confianza, implementando lo que has aprendido aquí, explorando nuevas posibilidades y persiguiendo tus sueños con pasión y determinación. La Revolución Digital está en pleno apogeo, y estás en una posición única para aprovecharla al máximo.

Gracias por permitirme ser tu guía en este viaje. Mi deseo más profundo es que este libro te haya proporcionado las herramientas y la inspiración necesarias para alcanzar tus metas empresariales y disfrutar de la vida que mereces.

Llegados a este punto, me gustaría pedirte un favor: deja tus comentarios en la plataforma que hayas adquirido el libro. Para mí son de gran ayuda, ya que me permiten crear contenidos que sean realmente de valor para ti y para otros pequeños empresarios como tú.

Antes de despedirme, recuerda que la libertad empresarial no es un destino; es un camino que se construye día a día. ¡No desistas! Nos vemos en el próximo viaje.

¿Quieres Más?

¡Únete al Club Revolución Digital!

¿Listo para una experiencia aún más poderosa?

Obtén acceso completo a nuestra amplia gama de recursos y contenido exclusivo para pequeños empresarios.

¡Inscríbete en el Club Revolución Digital hoy mismo y acelera tu éxito!

Únete al Club Revolución Digital

https://link.eclaravalls.com/get-revdig

Sobre la Autora

Esther Claravalls nació y vive en Barcelona. Microempresaria, hija de microempresarios y nieta de microempresarios.

De formación es Ingeniera de Telecomunicaciones con maestrías en Dirección Estratégica, Administración de Empresas y Marketing Digital, lo que la ha llevado a que toda su vida profesional se la haya pasado analizando, sistematizando, automatizando y optimizando procesos industriales, organizativos y de marketing digital, siendo una de las primeras mujeres en ejercer como ingeniera en fábricas de España y Latinoamérica.

Es fundadora y CEO de Spica Software[2] donde ayuda a empresas con procesos de fabricación y manufactura a concebir, diseñar e implantar soluciones de software industrial, para mejorar su productividad y asegurar la digitalización de sus negocios.

Durante 7 años fue formadora de WordPress para emprendedores, en los planes de formación continua y

---

[2] https://spicasoftware.es

Certificados de Profesionalidad, acumulando más de 5000 horas de clases impartidas.

Escritora autopublicada Amazon Bestseller de libros de no ficción, lo que la ha llevado a crear Ediciones85[3] donde ayuda a escritoras autopublicadas a hacer realidad el sueño de publicar sus libros, para ganar relevancia y generar ingresos recurrentes. En esta área profesional, realiza tareas como: ghost writer, edición y corrección, maquetación, diseño de portadas, publicación, SEO para Amazon y otras necesidades que puedan requerir las escritoras.

Por otro lado, como consultora digital certificada y desde su portal Revolución Digital[4], ayuda a emprendedores y pymes a sistematizar y automatizar sus negocios para que puedan alcanzar un estilo de vida más libre, mejor remunerado y más satisfactorio.

También es creadora de Publicaciones Creativas Juno[5], donde crea contenido para *coaches* y terapeutas: desde herramientas para su trabajo (series Colorea Tu Mente o Activa Tu Mente) como diseños y contenidos para sus webs y embudos de venta.

Desde el año 2021, forma parte del equipo de trabajo de Mujeres Dreams Boss[6], una comunidad internacional de mujeres de habla hispana, radicada en USA, cuyo objetivo es empoderar y dar visibilidad a las mujeres. En esta comunidad, es asesora de la estrategia de negocio, responsable de los

---

[3] https://www.ediciones85.com
[4] https://www.eclaravalls.com
[5] https://www.pcjuno.com
[6] https://link.eclaravalls.com/get-club-mdb

servicios editoriales que publica la comunidad y embajadora de la comunidad en España.

Por último, se ha especializado como *prompt engineer* para ChatGPT aplicado al mundo de la autopublicación, el emprendimiento y la pyme.

Puedes acceder a su información curricular en su perfil de LinkedIn y conocer más de ella en su web www.eclaravalls.com

Barcelona, España

hola@eclaravalls.com

@eclaravalls

@eclaravalls

@estherclaravalls

www.eclaravalls.com

Milton Keynes UK
Ingram Content Group UK Ltd.
UKHW020431131223
434231UK00015B/912

9 798223 681823